Die sezierte Seele

Walter R. Kaiser

Die sezierte Seele

oder: Die Wirklichkeit einer Illusion

Bibliographische Information der Deutschen Nationalbibliothek
Die Deutsche Nationalbibliothek verzeichnet diese Publikation in der Deutschen Nationalbibliografie; detaillierte bibliographische Daten sind im Internet unter http://dnb.b-nb.de abrufbar.

© 2016_Walter R. Kaiser
Titelbild: Die Anatomie des Dr. Nicolaes Tulp, Rembrandt (1632). Fotomontage W. R. Kaiser
Herstellung und Verlag
BoD - Books on Demand, Norderstedt

ISBN: 978-3-7412-2692-2

Inhaltsübersicht

Vorwort 7

I Einleitung 9

Die Seelenbäcker aus Schwaben ---------------------------------- 9

Begriffsverwirrungen -- 11

Der Seelenwieger aus New York ---------------------------- 13

II Woher die Seele kommen könnte 16

Nachdenken über den Tod --------------------------------- 16

Tote, Geister und Schamanen ----------------------------- 20

Religion als kulturelle Pflanze ---------------------------- 27

Kurze Zusammenfassung ---------------------------------- 33

III Seelische Wandlungen 35

Seelenvielfalt und Religionsvielfalt --------------------- 35

Das Seelenblut der Maya ------------------------------ 36

Der Seelenvogel der Ägypter ----------------------- 39

Keine Seelen in Walhalla ---------------------------- 43

Es menschelt im Olymp ------------------------------ 47

Kurze Zusammenfassung ---------------------------------- 50

IV Griechen, Christen und Andere 52

Die griechische Philosophenseele ---------------------- 52

Die Seelenverwirrungen der Bibel -------------------- 55

Irritationen im Glaubensbekenntnis ---------------- 57

Der Leib mit und ohne Seele ------------------------------------- *63*

Leib-Seele als Pseudo-Problem ---------------------------------- *66*

Kurze Zusammenfassung -- *67*

V Seelenloser Mensch-Roboter 69

Verhalten im Experimentierlabor --------------------------------- *69*

Ich und Seele als hilfreiche Illusion ------------------------------- *71*

Die sensible Gummihand --- *74*

Der Preis des Denkens -- *76*

Wenn nur der Avatar stirbt --------------------------------------- *78*

Ein schwebendes Nichts -- *80*

Mögliche Folgerungen -- *83*

VI Die Seele auf dem Operationstisch 85

Kurzer Rückblick -- *85*

Seelenlose Moral -- *88*

Literaturverzeichnis 91

Verzeichnis der Abbildungen 94

Vorwort

Geld schlägt Seele! So könnte man das Ergebnis der Internet-Suchmaschine GOOGLE interpretieren. Während bei „Geld" sagenhafte 210 Millionen mögliche Dokumente genannt werden, sind es bei „Seele" nur 40 Millionen[1]. Geld scheint also rund fünfmal wichtiger zu sein, als Seele. Doch in der Bibel steht (Matthäus 16,26): *„Was hülfe es dem Menschen, so er die ganze Welt gewönne und nähme doch Schaden an seiner Seele?"* Es wird also hier vorausgesetzt, dass es eine Seele gibt. Doch wer nach einer eindeutigen und widerspruchsfreien Definition von „Seele" sucht, ist schnell enttäuscht. Es gibt sie nicht. Ganz zu schweigen von eindeutigen Beweisen, dass neben dem Körper auch noch so etwas wie eine Seele vorhanden sein muss. Man könnte ein ganzes Buch füllen nur mit den unterschiedlichsten Definition und den fruchtlosen „Seelenbeweisen".

Der folgende Text verzichtet darauf, akribisch die verschiedenen Definitionen auf ihre Sinnhaftigkeit abzuklopfen. Es wird auch darauf verzichtet der x-ten Interpretation der Seelenbegriffe der griechischen Philosophen eine weitere hinzuzufügen. Stattdessen wird versucht, den Begriff „Seele" von verschiedenen Seiten zu beleuchten. Die Textreise umspannt einen

---

[1] www.google.de: Zugriff: 13.6.2016

sehr weiten Zeitraum: Vom Neandertaler der Altsteinzeit bis zum heutigen Neurobiologen. Man erfährt, wie sich die Ansichten über die Seele verändert haben, über die Zeit und in verschiedenen Kulturen.

Für viele gläubige Menschen ist es sicherlich tröstlich, dass nach ihrem Tod es vielleicht doch noch irgendwie weitergeht. Wäre das nicht auch ein Funken Hoffnung für alte Menschen, *„an denen niemanden mehr liegt und die nur noch als einnässende, kotende, verfaulende Körper und als Abrechnungsposten für Altenheime und Pflegedienste auf andere wirken?"*[2]

Auf knapp hundert Seiten mit vielen Abbildungen erfahren Sie, was es mit der Seele auf sich hat. Niemandem wird ausgeredet, dass er nicht mehr an die Existenz einer Seele glauben soll. Aber Zweifel am Konzept der Seele könnten schon entstehen. Denn es gilt wohl, wie es der Soziologe *Niklas Luhmann* ausdrückt (Luhmann 2002:272)[3]: *„Man muss schon glauben wollen, um glauben zu können".*

Heimsheim, Juni 2016

Walter R. Kaiser

---

[2] Pawlik, Michael.: Was heißt es lebendig zu sein?, F.A.Z. 31.3.2011, S.34

[3] Erläuterung: Die Angaben in der Klammer verweisen auf das Literaturverzeichnis. Die Zahl nach dem ":" ist die Seitenzahl im Buch

I Einleitung

In Stuttgart kann man eine Seele kaufen und aufessen. In New York hat ein Arzt versucht, eine Seele mit einer Waage zu wiegen. Theologen und Philosophen streiten sich seit Jahrhunderten, was Seele eigentlich ist.

Die Seelenbäcker aus Schwaben

Schwaben waren schon immer praktische Leute. Wenn sie eine Seele möchten, dann gehen sie in die Bäckerei und kaufen sich eine. Sie schmeckt eigentlich ganz gut. Die Schwäbische Seele ist ein Baguette artiges Weißbrotgebäck von zwanzig bis dreißig Zentimeter Länge, bestreut mit Kümmel[4]. Natürlich ist das nicht die Seele im religiösen oder philosophischen Sinne. Denn dort ist die Seele substanzlos, jedoch insgesamt intellektuell weniger gut verdaulich. Der Autor *Ulrich Bahnsen* meint dazu in einem Artikel in *ZEIT ONLINE*: *„Zwar haben Philosophen das Problem in den vergangenen 3.000 Jahren vielfach durchdacht, kluge Fragen formuliert und versucht, ein Begriffssystem der Seelenerkenntnis zu erarbeiten. Doch ihre Bemühungen erschöpften sich im immer neuen Nachdenken über die*

---

[4] Das Rezept findet man hier:
http://www.chefkoch.de/rezepte/1186931224657531/Schwaebische-Seelen.html

innere Natur des Menschen. Eine Lösung für das Rätsel der Seele fanden die Denker nicht."[5]

Haben Sie jemals Liebe, Freude, Trauer, Hass oder einen freien Willen gesehen? Ich behaupte, Sie haben all das noch nie gesehen. Sie haben es bei sich selbst vielleicht erlebt, gefühlt, erlitten – aber gesehen haben Sie diese Phänomene nicht. Und bei anderen Menschen konnten Sie nur aufgrund deren Verhalten und Äußerungen schließen, dass sie ähnliche Empfindungen haben müssen, wie Sie das bei sich selbst erlebt haben. Dabei sind Sie davon ausgegangen, dass der oder die Andere ein Mensch ist, ähnlich „konstruiert" wie Sie und daher ähnlich empfindungsfähig. Letztlich kann man jedoch nie sicher sein, dass es so ist. Sonst gäbe es keine Heiratsschwindler, die Liebe gefühlvoll vorgaukeln. Es gäbe keine Betrüger, die Vertrauenswürdigkeit nur überzeugend vortäuschen. Inzwischen gibt es sogar Computerprogramme, die so glaubhaft auf Äußerungen reagieren können, dass man eigentlich dahinter einen richtigen Menschen vermutet. Es sind „Chatbots", Gesprächsroboter.

Auch eine Seele hat bisher noch niemand gesehen. Dennoch sind viele Menschen – vielleicht auch Sie – davon überzeugt, dass es so etwas gibt und jeder Mensch eine hat. Und Seele ist doch etwas anderes als

---

[5] Bahnsen, Ulrich (14.10.2009): Die Biologie der Seele, in: www.zeit.de/zeit-wissen/2009/06/Titel-LT/Seite-1, Zugriff: 27.8.2011

der Körper – oder nicht? Es sind doch zwei verschiedene Begriffe und schon deshalb muss es eine Unterscheidung geben. Aber das könnte auch ein Trugschluss ein.

Ein Beispiel: Nehmen wir den Begriff Hund. Niemand hat jemals einen Hund gesehen. Denn „Hund" gibt es nicht. Es ist eine Abstraktion. Es gibt nur individuelle Tiere, die wir in die Kategorie Hund einordnen. Und einen konkreten Hund könnte man auch „Hanno", „Köter", „Haufen Flöhe", „Gehwegscheißer", „Promenadenmischung" oder „Menschenfreund" nennen. Die verschiedenen Bezeichnungen sind Namen für das gleiche Phänomen, sie betonen lediglich einen besonderen Aspekt. Sie meinen aber das gleiche konkrete individuelle Lebewesen, das wir in die abstrakte Kategorie Hund eingeordnet haben.

Begriffsverwirrungen

Könnte es sein, dass das sogenannte Leib-Seele-Problem vielleicht gar keines ist? Könnte es sein, dass wir mit verschiedenen Begriffen eigentlich das gleiche meinen? Könnte es sein, dass es Seele als eine eigenständige Existenz gar nicht gibt? Könnte es sein, dass Körper und Seele wir irrtümlich verschiedenen Kategorien zuordnen, einen sogenannten Kategorienfehler begehen? Könnte es jedoch auch sein, dass wir irrtümlich Methoden der Naturwissenschaften auf Phänomene anwenden wie Gott, Seele, Ewigkeit, auf die diese Methoden nicht passen?

Viele „könnte es sein", mit denen kluge und weniger kluge Köpfe ganze Bibliotheken gefüllt haben. Für die Naturwissenschaft, auch die Medizin oder Psychologie ist die Seele tot. Der Begriff wird dort gemieden wie der Teufel das Weihwasser. Er ist mit religiösen Konnotationen, also Bedeutungsinhalten und Interpretationen, zu sehr aufgeblasen. Selbst in der Bibel wird er mehrdeutig verwendet. So kommt er in der Lutherbibel nur 189 mal vor, in der Elberfelder Bibel jedoch 382 mal[6].

Bei dem Begriff Seele trifft eine Vielzahl philosophischer, religiöser, mystischer Vorstellungen aufeinander, die sich teilweise ergänzen aber auch widersprechen. Dennoch gibt es Naturwissenschaftler, also konkrete Individuen, die an die Existenz einer Seele glauben, obwohl man deren Existenz mit wissenschaftlichen Methoden nicht beweisen kann, ebenso wenig, wie das mit Gott nicht möglich ist. Der Psychiater und Buchautor *Hartmann Hinterhuber* (*1942) meint: *„Seele ist heute ein belasteter und verwundbarer Begriff der aber nach wie vor eine große faszinierende Ausstrahlung besitzt."* (Hinterhuber 2001:3)

---

[6] Quelle: www.bibelserver.com, Suchbegriff: Seele, Zugriff 6.4.2016

Die folgenden Texte sind eine Spurensuche. Es wird versucht, dem Phänomen Seele zu folgen, von den möglichen Anfängen bis in die heutige Zeit. Der Glaube an eine Seele aber auch die Überzeugung, dass es keine gibt, kann menschliches Verhalten beeinflussen. Und damit ist „Seele" zumindest eine individuell psychologische und auch eine soziale Realität – unabhängig davon, ob es sie gibt oder nicht. Ebenso wie der Glaube an einen Gott oder Götter das Leben von Menschen und Gesellschaften beeinflussen kann, ob es Gott oder Götter wirklich gibt oder nicht. Denn mit Bezug auf einen Gott, den Glauben oder die Religion werden sowohl samariterhafte Wohltaten als auch menschenverachtende Terrorakte begründet.

Der Seelenwieger aus New York

Am 11. März 1907 erschien in der Zeitschrift *New York Times* ein Artikel[7] mit der Überschrift „*Soul Has Weight*". Darin wurde von einem Experiment[8] des Arztes *Duncan MacDougall* (1866 – 1920) berichtet. *MacDougall* hatte sechs sterbende Patienten gewogen und zwar unmittelbar vor deren Sterben und unmittelbar nachdem sie tot waren. Dabei stellte er fest,

---

[7] Artikel in New York Times, 11.02.1907,
http://query.nytimes.com/mem/archive-free/pdf?res=9D07E5DC123EE033A25752C1A9659C946697D6CF;
siehe auch: http://www.snopes.com/religion/soulweight.asp, Zugriff: 21.1.2016

[8] Quelle: https://de.wikipedia.org/wiki/Duncan_MacDougall, Zugriff: 21.1.2016

dass sie zwischen acht und fünfunddreißig Gramm an Gewicht verloren hatten, durchschnittlich einundzwanzig Gramm. Er folgerte daraus, dass a) eine Seele vorhanden sein muss und b) die aus dem Körper entflohene Seele etwas wiegt, nämlich durchschnittlich eben diese einundzwanzig Gramm.

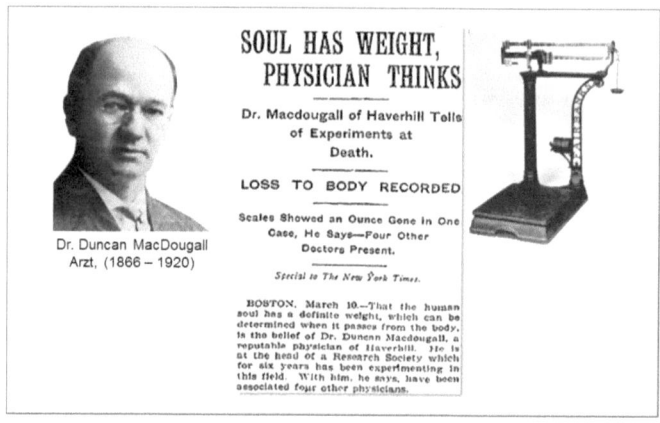

Abb. 1: Ein Arzt will die Seelen wiegen
Der Arzt MacDougall wollte durch Gewichtsvergleich beim lebenden und toten Menschen das Gewicht einer Seele feststellen. Er kam auf durchschnittlich ca. 21 Gramm. Seine Untersuchung gehört zu den etwas obskuren medizinischen Experimenten.

Um einen Vergleich zu haben, ließ er noch fünfzehn Hunde vergiften und sie ebenfalls vor und nach deren Tod wiegen. Dabei konnte er keine Gewichtsdifferenz feststellen. Da Hunde ja keine Seele hätten, so seine Folgerungen, wäre ja auch nichts anders zu erwarten gewesen. Er meinte, damit habe sich seine Hypothese bestätigt, dass es eine menschliche Seele gäbe und man sie auch nachweisen könne.

In den 1930er Jahren wurde das Experiment mit Mäusen wiederholt. Bei Mäusen konnte man jedoch einen Gewichtsverlust feststellen. Sie hätten, nach der Theorie von *McDougall,* demnach eine Seele gehabt. Als man allerdings andere Mäuse in einem abgeschlossenen Behälter umbrachte, gab es nach deren Tod insgesamt keinen Gewichtsverlust mehr. Die ausgeschiedene Flüssigkeit blieb nämlich im Behälter. Das Experiment von *MacDougall* und seine Folgerungen werden heute nur noch als kuriose Episode betrachtet und nicht ernst genommen.

Man könnten nun denken: „Wie kann man nur auf die Idee kommen, das Gewicht der Seele zu wiegen? Jeder weiß doch, dass die Seele immateriell ist." – Die Frage ist nur, woher man etwas über die Substanz der Seele wissen will. Und die nächste Frage wäre, ob es so etwas wie Seele überhaupt gibt oder sie vielleicht nur ein Hirngespinst ist, eine liebgewonnene Illusion. Denn ebenso wie es Menschen gibt, die von der Existenz einer Seele überzeugt sind, gibt es welche, die nicht an deren Vorhandensein glauben. Schließlich konnte der wissenschaftliche Beweis für eine existierende Seele bisher nicht erbracht werden. Ebenso wenig, wie die Existenz Gottes im objektiven Sinne bewiesen werden kann. Für Gläubige existiert er, für Atheisten nicht, und den Agnostikern ist es egal.

II Woher die Seele kommen könnte

Weil Toten etwas fehlt, muss mit dem Tod etwas verschwunden sein. Neandertaler haben ihre Verstorbenen nicht einfach verscharrt oder liegenlassen. Schamanen wandern angeblich zwischen den Welten. Und manche Evolutionsbiologen und Psychologen halten die Seele für ein reines Phantasieprodukt der Menschen.

Nachdenken über den Tod

Seit wann könnten Menschen ein Wissen darüber entwickelt haben, dass es so etwas wie eine Seele geben muss – was immer man darunter verstehen mag? Die Evolutionsgeschichte der biologischen, also der körperlichen menschlichen Entwicklung kann man heute recht gut nachvollziehen. Knochenfunde, Werkzeuge, Geräte, Kunstgegenstände oder andere Artefakte können recht genau zeitlich datiert werden. Es gibt zwar immer noch ein paar Lücken. Aber die werden vielleicht mit weiteren Entdeckungen und verfeinerten Analysemethoden möglicherweise nach und nach immer mehr geschlossen werden können.

Schwieriger wird es schon, wenn man die kulturellgeistige Entwicklung der Menschheit beschreiben möchte. Man versucht beispielsweise aufgrund der Schädelgröße auf das Gehirnvolumen und damit auf die mögliche Intelligenz zu schließen. Oder Intelligenz unsere Vorfahren wird festgemacht an den mehr oder weniger komplizierten Werkzeugen, die man findet.

Doch schließlich hat man noch in keinem Grab einen Gedanken, eine Idee gefunden. Wie auch? Gedanken und Ideen sind nichts Körperliches. Sie entstehen im Gehirn und vergehen spätestens mit dem Tod. Das gilt besonders dann, wenn über die betroffene Zeit keine oder nur rudimentäre schriftlichen Aufzeichnungen vorliegen. Man ist auf Spekulationen angewiesen, bestenfalls auf plausible Hypothesen. Dazu gehört auch die Entdeckung der Seele, die ja nach gängigen religiös-philosophischen Betrachtungen körperlos ist und per Definition daher mit unseren fünf Sinnen eigentlich gar nicht erkannt werden kann.

Aber irgendwann muss es ja begonnen haben. Und den Beginn kann man wahrscheinlich dorthin datieren, als unseren Vorfahren bewusst geworden ist, dass ihr Leben irgendwann ein Ende hat, dass sie sterblich sind. Sie begannen darüber auch nachzudenken. Tiere haben angeblich dieses Todesbewusstsein nicht. Sie erkennen vielleicht unmittelbar vor ihrem Ableben, dass es nun aus sein wird. Aber während ihrer normalen Lebenszeit fehlen das Wissen und das Bewusstsein darüber, das irgendwann ihr unwiderrufliches Ende da sein wird. Sie folgen unbewusst allein dem sogenannten biologischen Imperativ. Und der lautet: Als Individuum möglichst lange leben und in den Nachkommen genetisch weiter leben.

Archäologen gehen heutzutage davon aus, dass bereits im Paläolithikum, also der Zeit von zweieinhalb Millionen Jahren bis zehntausend Jahren vor unserer Zeitrechnung, ein Todesbewusstsein vorhanden sein musste. Sie schließen dies aus den Gräbern, die entdeckt worden sind. Grabbeigaben und Blütenpollen deuten darauf hin, dass man die Toten nicht einfach liegengelassen oder lieblos verscharrt hatte. Man wollte sie nicht ohne Hilfsmittel und Nahrung in eine andere Welt gehen lassen. Was immer man sich in den verschiedenen Kulturen darunter vorgestellt haben mag.

Zumindest beim Neandertaler ist man sich recht sicher, dass dies so war. Seine Zeit auf der Erde liegt zwischen 160.000 und 30.000 Jahren zurück. *„So legen die Beerdigungsrituale der Neandertaler nahe, dass diese sich des Todes bewusst waren und an ein Fortleben nach dem Tode glaubten [...] Daraus dürfen wir ableiten, dass die Seele als ausgedehnt, als ein Geist oder ein Schatten mit einem dem jeweiligen Körper ähnlichen Umriss empfunden wurde.",* meint der Psychologe *Hartmann Hinterhuber* (Hinterhuber 2001:5). In Frankreich, genauer in *La Ferrasie*, im Departement *Dordone*, hat man Gräber mit sieben Skeletten von Neandertalern gefunden, die eindeutig auf eine Bestattungskultur hinweisen: Mann, Frau, vier Kinder und einen Fötus.

Wenn aber verstorbene Mitglieder nicht einfach liegengelassen werden, sondern man sie bestattet, dann muss es dafür Gründe geben. Man kann daher davon ausgehen, dass ein Todesbewusstsein, Trauer und der Glaube an eine wie auch immer geartete jenseitige Welt vorhanden war. Zumindest die Vorstellung an eine Welt, die sich von der Welt der Lebenden wesentlich unterscheidet. Unseren Vorfahren muss bewusst gewesen sein, dass es einen bedeutsamen Unterschied gab zwischen dem lebenden Angehörigen und seiner Leiche. Etwas fehlte. Als direkt einsichtige Eigenschaft war kein Atem mehr vorhanden. Und wenn man den toten Körper befühlte, konnte man auch die geringen pulsierenden Bewegungen nicht mehr erfühlen, die vorher im lebendigen Körper vorhanden waren, den Herzschlag. Da aber der Körper – jedenfalls in den ersten Stunden nach dem Tod – scheinbar immer noch der gleiche war wie vorher, musste etwas aus diesem Körper entflohen sein, etwas, was das Leben ausmachte.

Dieses vermutete Etwas könnte die erste Idee dessen gewesen sein, was später mit Seele bezeichnet worden ist. Seele als eine Lebenskraft, die mit dem Tod aus dem Körper verschwunden ist. Und weil dieses Etwas ja auch irgendwo hin musste, könnte daraus die Idee einer jenseitigen Welt geboren worden sein. Diese jenseitige Welt musste aber auch jemanden haben, der sich um das entwichene Etwas, die Seele, kümmert. Möglicherweise mag dies einer der ersten Gründe sein, um an überirdische außerweltliche Wesen, an Götter zu glauben. Hinzu kamen zudem noch die Traumerlebnisse. Hier, im Traum, konnte man sich über weite Strecken zeitlos schnell bewegen. Man konnte auch seinen verstorbenen Vorfahren begegnen, mit ihnen reden und von ihnen angesprochen werden. Und man hatte nicht selten den Eindruck, dass man selbst körperlos wäre, schweben würde. Auch das musste eine Erklärung haben.

Natürlich sind dies nur mehr oder wenige plausible Spekulationen. Aber wenn man verschiedene Kulturen betrachtet und deren Vorstellungen vom Tod, von der Seele und einer jenseitigen Welt, dann könnte es durchaus so gewesen sein.

Tote, Geister und Schamanen

Bevor wir uns weiter mit der Seele befassen, werfen wir einen Blick auf den Schamanen und den Schamanismus. Sie alle haben wahrscheinlich schon einen Schamanen gesehen, zumindest im Film. In vielen Indianer-Western kommt der Medizinmann vor. Er ist der Schamane der nordamerikanischen Urvölker, der Indianer. Medizinmann ist allerdings der Begriff, den die Einwanderer geprägt haben. Er bezeichnet nur eine offensichtliche Seite dessen, wofür der Schamane steht: Krankheiten heilen. Die Aufgaben und Tätigkeiten eines Schamanen sind wesentlich vielfältiger.

Abb. 2: Schamanen gab es schon in der Steinzeit
Sie waren Heiler, Zauberer und Vermittler zwischen der Welt der Lebenden und der Toten. Schamanismus gehört zu den ältesten Formen religiösen Denkens. Nach der Wortherkunft bedeutet Schamane: Wissender, Asket, Mönch.

Was man unter einem Schamanen verstehen sollte, ist nicht ganz eindeutig definiert. Der Rechtschreibe-Duden sagt kurz und bündig: *„Schamane, der, Zauberpriester bei Naturvölkern."*[9] Als Herkunft des Wortes Schamane wird das Sanskrit oder die Sprache der Tungusen genannt. Sanskrit ist eine altindische Sprachfamilie und Tungusisch sprach man in Ostsibirien, der Mongolei und Nordchina. Die ursprüngliche Bedeutung lag bei: Wissender, Asket, Mönch. Das DWDS, Digitales Wörterbuch der deutschen Sprache, definiert Schamane ein bisschen ausführlicher als:

---

[9] DUDEN, Die deutsche Rechtschreibung, 21. Auflage, 1996

„Heil- und Zauberkundiger, bes. asiatischer Naturvölker, der angeblich mit unsichtbaren Mächten in Verbindung treten kann."[10] Und auf einer esoterischen Homepage kann man lesen: *„Schamanen sind Zauberer und Medizinmänner oder -frauen, Priester ihres Stammes. Sie arbeiten mit Trommeln, Rasseln, Ekstase und Tanz. Eine Trancereise führt den Schamanen in die Unterwelt oder in die Oberwelt [...]"*[11]

Der US-amerikanische Mythenforscher *Joseph Campbell* (1904 – 1987) beschreibt in seinem Buch mit dem Titel *„Mythologie der Urvölker - Die Masken Gottes"* die Funktion eines Schamanen wie folgt: *„Die gesellschaftliche Funktion des Schamanen war es, als Dolmetscher und Vermittler zwischen den Menschen und den Mächten hinter dem Schleier der Natur zu wirken."* (Campbell 1996:327) Damit der Schamane Kontakt mit den Geistern, Ahnen oder Göttern aufnehmen kann, versetzt er sich in Trance, einem Zustand mit eingeschränktem Bewusstsein, oder in Ekstase, die durch Verzückung, verminderter Selbstkontrolle und Bewegungsüberschuss charakterisiert ist. Oft wurden und werden dazu Rauschmittel benutzt, um diese Zustände zu erreichen. Nach heutiger Interpretation

---

[10] Quelle: http://www.dwds.de/?kompakt=1&qu=Schamane, Zugriff 31.12.2010 (DWDS = Das digitale Wörterbuch der deutschen Sprache des 20. Jahrhunderts)
[11] Quelle: http://www.esoterik-engel.de/glossar/index.html, Zugriff 31.12.2010

war ein Schamane nicht normal, denn: *"Der Schamane zeigte meist bereits im Kindesalter eine spezielle Disposition, die sich für seine Umgebung nicht selten als – im heutigen Sprachgebrauch - psychische Krankheit manifestierte."*[12]

Schamanismus wird als eine der ältesten Formen religiösen Denkens angesehen. Er ist kein weitgehend in sich geschlossenes monotheistisches Religionssystem wie etwa Judentum, Christentum oder Islam. Es wird unterschieden zwischen einer diesseitigen Welt, in der die Menschen leben, und einer jenseitigen, die Welt der Geister, Götter, Ahnen. Doch es gibt in der Vorstellungswelt des Schamanismus kein Totengericht, bei dem die Toten entsprechend ihrer Taten belohnt oder bestraft werden. Himmel und Hölle, die imaginären Orte der Belohnung oder Bestrafung existieren im Schamanismus nicht.

Die jenseitige Welt wird wiederum unterteilt in eine Oberwelt und eine Unterwelt. In der Oberwelt befinden sich die höheren Geister, Schöpfergottheiten aber auch kosmischen Erscheinungen wie Sonne, Mond, Sterne. Die Unterwelt ist die Heimstadt der Toten, der bösen Geister und der Ungeheuer. Mit dem Tod kehrt der unkörperliche Teil des Menschen zu seinem Ursprung zurück, und der ist die Unterwelt. Dort wartet die Seele, bis sie einen neuen Körper findet und in

---

[12] Finne, R.: Der Schamane, in: F.A.Z. 26.2.1992, S. N3

die Mittlere Welt, die Menschenwelt zurückzukehren kann.

Der Schamane ist nun diejenige Person, die zwischen diesen Welten verkehren kann. Der Berliner Psychologe und Psychotherapeut *Gerhard Schütz* (*1956) schreibt in einem Artikel „*Schamanismus und Trance*"[13] darüber folgendes: *„Der Schamane reist also auf eine mehr oder weniger kontrollierte Weise mit seiner Seele in die Geisterwelt, vermittelt und kämpft dort, befreit die gefangenen Seelen der Kranken, prophezeit einen Jagderfolg oder den Ausgang eines Kampfes […] Bedeutung besaßen die Schamanen auch beim Bestattungswesen. Starb ein Stammesmitglied, so musste seine Seele sicher ins Reich der Toten geführt werden. Es sollte daher verhindert werden, dass die Seele vom Weg ins Totenreich abkommt, dadurch verzweifelt und als rachsüchtiger Unheilgeist sein Unwesen treibt.*" Der Schamane tut dies meist im Auftrag des Stammes, der Sippe oder einer Familie, um Unterstützung von den Geistern oder Ahnen zu erhalten oder um Übel abzuwehren. Er macht das nicht umsonst. Er wurde dafür bezahlt, damals natürlich nicht mit Geld sondern mit Naturalien.

Hier taucht auch erstmals schemenhaft so etwas auf wie Seele. Sie ist der Teil, der bei einem toten Men-

---

[13] Schütz, Gerhard: Schamanismus und Trance, in: http://www.gerhard-schuetz.de/download_public.html, Zugriff 14.6.2016

schen nicht mehr vorhanden zu sein scheint. Durch die Ahnenverehrung erinnert man sich an sie, ist aber auch sehr bemüht, sie davon abzuhalten, dass sie einem nicht schadet. Die Rückkehr der Seelen in die diesseitige Welt als Geisterwesen sollte möglichst verhindert werden.

Nun könnte man den Schamanismus mit den Schamanen abtun als eine primitive rückständige Version des Glaubens, die nur bei den sogenannten Urvölkern vorkommt. Man könnte der Meinung sein, dass die großen heutigen Religionen dieses Stadium weit hinter sich gelassen haben. Aber dies wäre etwas voreilig. Im Judentum, Christentum und Islam sind viele Elemente des Schamanismus noch lebendig. Nur wurden sie überlagert und umgedeutet. Es gibt bei den Christen auch die dreigeteilte Welt: Himmel, Erde, Hölle. Es gibt besonders bei den Katholiken den Glauben an geistige Helfer für alle möglichen Situationen: die verschiedenen Heiligen. Und es gibt auch die Nachfahren der Schamanen: die Priester oder Pfarrer. Wobei besonders die katholischen Priester sich als Vermittler zwischen den Menschen und Gott sehen. Und auch die Seele existiert noch.

Der tschechische Kultursemiotiker[14] *Ivan Bystrina* (1924 – 2004) meint, in einem Beitrag im Buch *„Hungrige Geister und rastlose Seelen"* (Kupper 1991),

---

[14] Semiotik = Lehre von Wesen, Entstehung, Gebrauch von Zeichen

dass man selbst Jesus als einem Schamanen bezeichnen könnte. Aus seinem überlieferten Lebens- und Leidensweg würde man dies schließen können. Der Soziologe und Nationalökonom *Max Weber* (1864 – 1920) hat in seinem Buch *„Wirtschaft und Gesellschaft"* geschrieben, Priester seien die Nachfahren der Schamanen und (Weber 1980:259) *„Funktionäre eines regelmäßigen organisierten Betriebs der Beeinflussung der Götter, gegenüber der Inanspruchnahme von Zauber von Fall zu Fall."* In den Vorstellungswelt einiger Völker, etwa Sibiriens, konnte ein Mensch mehrere Seelen haben[15]: Eine Erdseele, die für das Wohlergehen des Körpers zuständig war; eine Luftseele, die das Zusammenleben innerhalb der Gemeinschaft und der Umwelt regelte; eine Mutterseele, die das Bewusstsein und Denken bestimmte. Darüber hinaus konnte es auch eine Spiegelseele geben, die man beim Blick ins Wasser sieht und eine Schattenseele, die nur bei Sonnenschein sichtbar wird.

Nach den Vorstellungen im Schamanismus kann sich die Seele vom Körper trennen. Es gab also da schon den Dualismus zwischen Körper und Seele. Bei normalen Menschen geschah dies ohne ihren Willen im Traum oder durch Tod. Nur im Traum konnte die Seele wieder in den Körper zurückkehren. Der Schamane war nach dem Glauben der damaligen Menschen in der Lage, diese Trennung bewusst herbeizu-

---

[15] Quelle: www.wikipedia.de; Schamanismus; Zugriff 21.12.2010

führen. Dazu wendete er besondere Techniken an: Meditation, Trance, Ekstase. Durch rhythmische Töne aus Trommeln oder Gesänge oder andere Riten und manchmal mit Drogen wurde der gewünschte Zustand leichter erreicht. Dazu gehörte auch die Verkleidung, meist als Tierwesen.

Dann konnte der Schamane als Geistwesen sich in der Ober- oder Unterwelt bewegen und die Aufgaben ausführen, die von ihm gewünscht oder gefordert waren wie: Krankheit heilen, Unterstützung von Geistern oder Ahnen holen, böse Geister fern halten, Jagdglück, Wetter oder Ernte vorteilhaft beeinflussen. Manchmal wurde er dabei von Schutzgeistern begleitet, denn die Jenseitsreisen waren nicht ungefährlich. Die Seelen der Toten befanden sich ja meist in die Unterwelt. Umsonst war das Wirken der Schamanen nicht zu haben. Er wurde mit Naturalien, also Nahrungsmittel, Kleidung, Schmuck bezahlt. Man könnte fast annehmen, dies wären Vorläufer unserer heutigen Kirchensteuer – nur dass der Schamanismus keine Kirche als Organisationsform kannte.

Religion als kulturelle Pflanze

Heute wird in vielen Bereichen von einer Evolution gesprochen. Man verwendet hier einen Begriff aus der Biologie. Evolution beschreibt dort die Art und Weise, wie die belebte Natur sich über die Jahrmillionen bis heute entwickelt hat und weiter entwickeln wird. Die drei wesentlichen Gestaltungskräfte, die dabei wirken sind Mutation, die zufällige Änderungen des Erbmaterials, Selektion, die Auswahl grundsätzlich überlebensfähiger Individuen, und Auswahl, die Bewährung unter den jeweiligen Umweltbedingungen.

Man spricht auch von einer Evolution der Kulturen oder der Religionen. Es ist ja offensichtlich, dass es verschiedene Religionen gegeben hat und gibt. Einige existieren heute noch, andere sind von der religiösen Bildfläche verschwunden. *Ina Wunn*, Religionswissenschaftlerin und Biologin, vertritt die Ansicht, dass die Entwicklung der Religionen als Evolutionsgeschehen beschreibbar sei. Sie begründet dies auch ausführlich in ihrer umfangreichen Untersuchung mit dem Titel *„Die Evolution der Religionen"* (Wunn 2004). Wenn nun sich Religionen evolutionär entwickelt und damit auch im Zeitverlauf verändern haben, dann ändern sich damit auch die Bedeutungen von wesentlichen Begriffen wie: Gott, Jenseits, Seele.

Man kann feststellen, dass einige Religionen im Laufe der Zeit immer umfangreicher und differenzierter geworden sind. Sie haben sich entwickelt von einfachen Vorstellungen über Naturgeister, bis hin zu hochkomplexen Religionssystemen wie Judentum, Christentum oder Islam. Für tiefgläubige Juden, Christen oder Moslems ist dies natürlich nicht akzeptabel. Sie bestehen darauf, dass ihr Gott der einzige und wahre Gott sei und er sich in heiligen Schriften offenbart habe. Die Vorstellung, dass der eigene Glaube etwas mit „niedrigeren" oder „primitiven" Religionen zu tun haben könnte, wird strikt ausgeblendet, abgelehnt oder sogar aggressiv bekämpft.

Abb. 3: Entwicklungsstufen der Religionen
Religionswissenschaftler meinen, dass sich Religionen entwickelt haben von einfachen Vorstellungen hin zu immer komplexeren Religionssystemen. Mit dem Aufkommen des Glaubens an einen einzigen Gott sind die anderen Glaubenssysteme jedoch nicht verschwunden.

Der Soziologe *Rainer Döbert* (*1941) unterscheidet dennoch drei Hauptphasen der Religionsentwicklung (Döbert 1973):

Phase 1: Mythologisches Bewusstsein (griechisch mythología = das Erzählen von Götter- und Sagengeschichten). Dabei werden Naturerscheinungen so gedeutet, als ob dahinter Geistwesen wirken würden, die man durch rituelle Handlungen und Opfer beeinflussen kann.

Phase 2: Polytheistische Religion (Polytheismus = Glaube an eine Vielzahl von männlich und weiblich gedachten Gottheiten; Vielgötterei). Hier geht man von mehreren Götterpersonen aus, die analog den Menschen einen Willen haben und handeln können. Im Pantheon, dem Heiligtum in dem die Götter wohnen, geht es recht menschlich zu. Die griechische und römische Götterwelt würde man dazu zählen.

Phase 3: Monotheistische Religion (Monotheismus = Glaube an einen einzigen Gott, der die Existenz anderer Götter ausschließt). Es ist der Glaube an einen einzigen personalen Gott mit den wichtigen Eigenschaften: Allmacht, Allwissenheit und Ewigkeit. Dieser Gott ist auch alleiniger Schöpfer aller Dinge und Wesen der Welt. Christentum und Islam sind aktuell die zahlenmäßig größten monotheistischen Religionen. Auch das Judentum ist eine monotheistische Religion.

Eine ganze andere Erklärung für die Entstehung von Religionen, oder allgemeiner: von Glaubenssystemen, bietet die Memetik. Ähnlich wie das Gen bei der biologischen Erbinformation, wird eine Gedankeneinheit, das Mem, als die kulturelle Erbinformation angesehen. Gene sind sogenannte biologische Replikatoren, also Einheiten, die sich selbst vervielfältigen können. Nur dadurch ist es möglich, dass die Erbinformationen an die nächste Generation weitergegeben werden können.

„Ein Mem bezeichnet nach der Memtheorie einen einzelnen Bewusstseinsinhalt (zum Beispiel einen Gedanken), der durch Kommunikation weitergegeben und damit vervielfältigt werden kann. Dies trägt zur soziokulturellen Evolution bei."[16] Analog sind also Meme kulturelle Replikatoren. Mit ihnen ist es möglich, Gedankeninhalte unabhängig von einer konkreten Person an andere Personen weiterzugeben. Diese Meme, also Ideen oder Begriffe, müssen für das Individuum oder die Gesellschaft einen Überlebenswert haben. Ansonsten hätten sie nach den Regeln der Evolution nicht überlebt. Verschiedene Gene bilden einen Genpool. Analog bilden verschiedene zusammenpassende Meme einen Mempool.

Der Evolutionsbiologe *Richard Dawkins* (*1941*) nennt dazu in seinen Buch *„Das egoistische Gen"* ein Beispiel (Dawkins 1978:227-228): *„Betrachten wir die Idee ´Gott´. […] Wie repliziert sie sich? Durch das gesprochene und geschriebene Wort, unterstützt von großer Musik und großer Kunst. […] Was ist an der Vorstellung von einem Gott so Besonderes, das ihr in der kulturellen Umwelt ihre Beständigkeit und Wirksamkeit verleiht? Der Überlebenswert des Gott-Mems im Mempool ergibt sich aus seiner großen psychologischen Anziehungskraft. Er liefert eine auf den ersten Blick einleuchtende Antwort auf unergründliche und beunruhigende Fragen*

---

[16] Quelle: https://de.wikipedia.org/wiki/Mem, Zugriff: 21.1.2016

über das Dasein. [...] Gott existiert, und sei es auch nur in der Gestalt eines Mems, das in der von der menschlichen Kultur geschaffenen Umwelt einen hohen Überlebenswert oder eine hohe Ansteckungsfähigkeit besitzt."

Nach diesem Erklärungsmodell ist auch die Seele ein Mem, eine Idee, die sich durch Imitation, also Wiederholung, über Generationen und Kulturen gehalten und verbreitet hat. Der Vorteil dieses Seelen-Mems besteht vielleicht darin, dass es eine Antwort gibt auf die eigentlich unerklärliche Tatsache, dass wir ohne unser Zutun auf dieser Erde sind und von ihr auch wieder gehen müssen. Eine vom Körper unabhängige Seele ließe hoffen, dass mit unserem Tod vielleicht doch nicht das endgültige Ende für uns eingetreten ist und wir irgendwie irgendwo weiter existieren können.

Für Religionssoziologen ist der Glaube an die Existenz einer Seele ein Weg der sogenannten Kontingenzbewältigung. Damit ist gemeint, dass unbestimmte, nicht oder nur schwer erklärbare Erscheinungen in erklär- und scheinbar berechenbare Ereignisse umgedeutet werden. Unbestimmtheit wird in Bestimmtheit überführt (Luhmann 2002:147), meint der Soziologe *Niklas Luhmann* (1927 – 1998). Geburt und Tod sind zwar für Biologen allein evolutionär erklärbare Phänomene. Für viele Menschen in der fernen Vergangenheit – und auch heute noch – war und ist die Tatsache der eigenen zeitlich begrenzten Existenz eigentlich unerklärlich. Man könnte ja auch nicht sein, also nicht geboren worden sein, obwohl man nun doch lebt. Und was ist, wenn man gestorben ist? Bleibt noch etwas oder ist alles aus? Wenn man an eine unsterbliche Seele glaubt, hat man das Problem – wenigstens gedanklich – gelöst, in der Sprache der Soziologen: die Kontingenz bewältigt.

Kurze Zusammenfassung

Fassen wir das Bisherige kurz zusammen: Diffuse Seelenvorstellungen sind schon in der frühzeitlichen Menschheitsgeschichte vorhanden. Sehr wahrscheinlich waren Anlässe dazu die Beschäftigung mit dem Tod, dem eigenen und dem der anderen. Hinzu kamen auch Träume, in denen man das Geschehen und auch sich selbst als Beobachter erfahren konnte. Zu Beginn war Seele mehr oder weniger gleichgesetzt mit der Lebenskraft, die durch den Tod aus dem Körper einer Person an einen anderen Ort gehen musste. Das Drei-Welten-Modell entstand schon sehr früh: Oberwelt, Mittelwelt und Unterwelt.

Besonders geeignete Personen, die Schamanen, konnten mit ihrer Seele zwischen den Welten wandern und dort für die noch Lebenden Dienste erbringen. Viele Soziologen gehen heute davon aus, dass sich die Religionen von einfachen mystischen Jenseitsvorstellungen bis hin zu den heutigen Weltreligionen evolutionär entwickelt haben. Was jedoch nicht bedeutet, dass „primitive" Religionen aktuell nicht mehr vorhanden wären. Andere Autoren meinen, Religion sei ein Zufallsprodukt, entstanden aus der Weitergabe der „kulturellen Erbinformationen", der Meme. Religionen bieten mit den Begriffen Seele und Gott eine Methode zur Kontingenzbewältigung: Unbestimmtes wird in Bestimmbares und Verstehbares überführt.

III Seelische Wandlungen

Andere Völker – andere Seelen. Bei den Mayas sitzt sie im Blut. Für die alten Ägypter ist sie ein Vogel. Die Germanen wollen mit ihrem ganzen Körper nach Walhalla. Im Olymp gibt es Götter, aber keine Seelen. Himmel und Hölle kannten schon die alten Griechen.

Seelenvielfalt und Religionsvielfalt

Wir kennen nun zumindest einige Erklärungsversuche, also Hypothesen über die Entstehung des Seelenbegriffes. Nun werden wir betrachten, was verschiedene Kulturkreise über die Seele dachten und wie sie damit umgingen. Die Inhalte der Religionen und deren Götterwelten werden wir dabei nur insoweit berücksichtigen, als sie für unsere Zwecke erforderlich scheinen. Die Welt der Glaubenssysteme ist recht vielgestaltig, fast unübersichtlich. *„Knaurs Großer Religionsführer"* nennt *„670 Religionen verschiedener Kulturen, Rassen und Völker von der Megalith-Religion in urgeschichtlicher Zeit bis zu den Sekten der Gegenwart."* (Bellinger 1999:Klappentext) Näher ansehen werden wir beispielhaft: die Maya in Südamerika, die alten Ägypter im Niltal, in Westeuropa die Germanen und die Griechen. Sie zeigen teilweise sehr verschiedene Vorstellungen der Seele und dem Reich jenseits unserer erfassbaren Welt.

Das Seelenblut der Maya

Die Kulturgeschichte der Maya beginnt etwa 3000 v.Chr. mit der sogenannten Frühen Präklassik und geht bis zur Späten Klassik, etwa 900 n.Chr. Geographisch erstreckte sich das Gebiet auf das heutige Süd- und Südost-Mexiko, Teile von Guatemala und Honduras. Die Maya waren kein einheitliches Volk, sondern eine Gruppe sogenannter indigener Völker. Doch ihre religiösen Vorstellungen ähnelten sich sehr. *„Die Religion überhaupt und ihre Funktionäre (Priester u.a.) scheinen im Leben der Maya eine herausragende Rolle gespielt zu haben."* Darstellungen zeigen, *„dass sich gerade auch Herrscher und Führungsschicht der Mayagesellschaft den oft grausam religiösen Ritualen unterwerfen mussten."*[17]

Für die Mayas hatte die Zeit einen zyklischen Charakter. Sie war eng mit den astronomischen und irdischen Zyklen verbunden. Entsprechend den Vorhersagen der Maya-Priester sollte unsere Welt am 21. Dezember 2012 durch eine riesige Überschwemmung enden und dann wieder geboren werden. Wenn Sie das lesen, dann haben Sie diese Vorhersage glücklich überlebt. Wir sehen hier ein Motiv, das auch in der Bibel wieder vorkommt: die Sintflut.

---

[17] Quelle: Maya, in: https://oemer247.wordpress.com/, Zugriff 6.4.2016

Abb. 4: Menschenopfer der Maya
Götter der Maya hatten kein ewiges Leben, lebten jedoch unvorstellbar lange. Ihnen wurden auch Menschen geopfert (Bild links). Häufig waren es Kriegsgefangene (Bild rechts unten). Die Opfermethoden waren recht grausam.

„Für die Maya war die Welt magisch, bewohnt von Lebewesen aller Art und durchdrungen von göttlicher Energie. […] Die kosmische Ordnung war mit dem menschlichen Handeln verbunden und der Fortbestand des Weltalls war vom rituellen Mitwirken der Menschen abhängig."[18] Die Welt war für die Maya dreigeteilt: Himmel, bestehend aus 13 Schichten; Mittelwelt, bestehend aus 7 Schichten und Unterwelt, bestehend aus 9 Schichten. Reiche Grabbeigaben zeigen, dass die Maya eine Vorstellung von einem irgendwie gearteten

---

[18] Wendt, Sabine: Die Kultur der Maya – Teil III, ISSN 1619-5744, Ausgabe 26 (1/2016) in: www.mysteria3000.de/wp/die-kultur-der-maye-teil-iii/, Zugriff 6.4.2016

Leben nach dem Tod hatten. Mit dem Tod trennte sich der Lebenshauch, also die Seele vom Körper. Sie begab sich auf die Reise in die Unterwelt. Die befand sich unter der Wasseroberfläche von Flüssen oder Seen oder in Höhlen tief im Innern der Erde. Wenn diese Prüfung bestanden wurde, dann durfte die Seele in den Himmel. Ob sie dort ein ewiges Leben hatte oder wie die Götter nur ein sehr langes, bleibt offen.

Aus der Sicht der Maya war das Blut Sitz der Seele und Lebenskraft. Daher spielte bei ihnen das menschliche Blut eine bedeutende Rolle. Die Seele selbst stellte man sich als Lebenshauch, als Atemseele luft- und rauchförmig vor. Die Maya-Götter waren zwar sterbliche Wesen, allerdings mit einem unvorstellbar langen Leben. Die Blutopfer dienten einmal dazu, sich die Götter gewogen zu machen, aber auch, um die Götter zu nähren.

Geopfert wurde nicht nur das Blut einfacher Menschen. Hochgestellte Persönlichkeiten gewannen beispielsweise ihr Blut dadurch, dass sie sich dornige Fäden durch Lippe und Zunge zogen oder mit Seeigelstacheln in ihren Penis stachen. Das gewonnene Blut fing man auf papierähnlichen Streifen auf, die man anschließend verbrannte. Die Götter nahmen nach den Vorstellungen der Maya den Rauch als Nahrung auf. Menschenopfer waren durchaus üblich. Priester legten den geeigneten Zeitpunkt fest. Die Todesarten waren wenig erfreulich: Köpfen, Ertränken, Erhängen,

Steinigen, Vergiften, lebendig begraben. Die grausamste Tötungsart war, den Bauch aufzuschlitzen und das noch schlagende Herz herauszureißen.

Der Seelenvogel der Ägypter

Machen wir nun einen weiten Sprung von Südamerika in das Niltal. Bei den Vorstellungen an das Alte Ägypten[19] drängen sich Bilder auf von Pharaos, Pyramiden und Mumien. Der immense Aufwand für die Gräber der Pharaonen, hoher Beamter oder Priester und die Mumifizierung könnte den Eindruck erwecken, als seien die alten Ägypter von einer Todesbesessenheit umfangen. Wirft man aber einen Blick darauf, was für Vorkehrungen getroffen wurden, damit der unversehrte Körper wieder auferstehen kann, dann ist es doch eher die Sehnsucht nach einem ewigen Leben.

Der Zeitraum des Alten Ägypten reicht vom vierten Jahrtausend vor unser Zeitrechnung, der prädynastischen Zeit, bis etwa 300 n. Chr., der Spätzeit. In diesem langen Zeitraum haben die Glaubensvorstellungen vielfältige Wandlungen erlebt. Die altägyptische Religion ist eine gewachsene Religion. Sie wurde also nicht von einem Religionsstifter gegründet. Und

---

[19] Quellen: 1) *Altägyptische Religion* in: http://www.wikipedia.de; 2) *Der Totenkult im Alten Ägypten* in:
http://www.wellermann.de/gerhard/pdf/gl/hausarbeit-alexandra.pdf; Zugriff 29.12.2010

sie ist eine Kulturreligion, die sich nicht auf heilige Schriften als Offenbarung eines Gottes beruft.

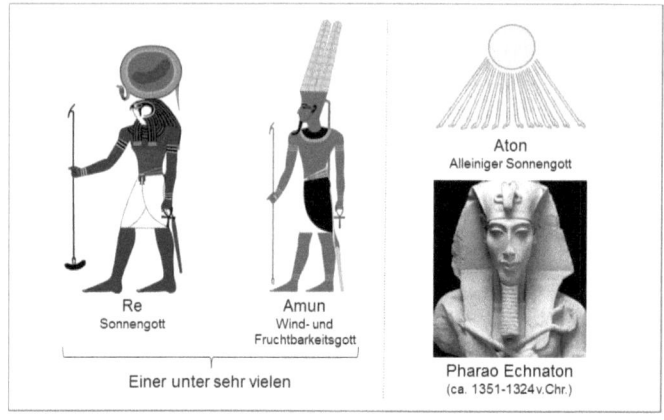

Abb. 5: Vielgestaltige Götterwelt im alten Ägypten
Die ägyptische Religion basierte nicht auf Offenbarungen und heiligen Schriften. Es gab eine Trennung zwischen dem irdischen Leben und dem Leben nach dem Tod. Für die kurze Regierungszeit des Pharaos Echnaton wurde nur ein einziger Gott verehrt: Aton, der Sonnengott. Man meint, dass dies der frühe Ursprung des Monotheismus war, des Glauben ausschließlich an einen einzigen Gott.

Der Pharao war eigentlich der Einzige, der mit den Göttern verkehren konnte. Er konnte jedoch diese Aufgabe auf die Priesterkaste delegieren mit deren Kopf, dem Hohepriester. Die Religion des Alten Ägypten war eine polytheistische Religion. Man glaubt also an viele Götter. Da gab es beispielsweise den falkenköpfigen *Sokar*, als Toten- und Grabgott; *Seth*, der Gott der Wüste, Dürre, Stürme und Unwetter; *Osiris,* ein

Fruchtbarkeitsgott; *Horus* in Gestalt eines Falken, Beschützer der Könige und Himmelsgott mit Sonne und Mond; *Min,* als Gott der Zeugungskraft und Fruchtbarkeit; *Anubis,* der Toten- und Friedhofsgott mit dem Kopf eines Schakals, um nur einige aus der ägyptischen Götterwelt zu nennen.

Nur zur Regentschaft des Pharaos *Echnaton* (1351 – 1334 v. Chr.) wurde der Sonnengott *Aton* als alleiniger Gott verehrt. Die Priesterschaft war – wie man sich denken kann – darüber nicht besonders erfreut. Verlor sie doch dadurch den überwiegenden Teil ihrer Einkommenspfründe. Kein Wunder also, dass man nach *Echnatons* Regierungszeit auf Druck der Priesterschaft wieder zur Vielgötterei zurückkehrte. Einige Religionshistoriker meinen, dass die Zeit *Echnatons* die erste sogenannte monotheistische Glaubensphase gewesen sei. Monotheismus ist die Verehrung und Anbetung nur eines einzigen Gottes, ähnlich dem später entstandenen Juden-, Christentum oder Islam.

In der Betrachtungsweise der alten Ägypter bestand der Mensch aus den körperlichen Bestandteilen: Körper *(Chet)*, Name *(Ren)* und Schatten *(Schut)*. Dazu kamen noch die überweltlichen Bestandteile: *Ka*, *Ba* und *Ach*. *Ka* (ägypt. Lebenskraft) unterscheidet die lebenden Menschen von der unbelebten Natur. *Ka* war das Symbol der Lebenskraft des Menschen. *„Der Ka prägt den Charakter und die Persönlichkeit, er überlebt den Menschen. Vom Verstorbenen sagt man,* *dass er ´zu seinen Ka geht`.*" (Bellinger 1999:16) *Ba*, ein Vogel mit Menschenkopf, stand für alle nichtkörperlichen Eigenschaften. Er war, nach heutigen Begriffen, der Seelenvogel. *Ach* war die Existenzform, die der Verstorbene annehmen durfte, wenn er vor dem Totengericht dafür als würdig befunden wurde. Beim Totengericht hatte *Anubis* gemeinsam mit *Horus* die Seele der Verstorbenen zu wiegen. Wurde die Prüfung nicht bestanden, war seine Existenz für immer erloschen. In eine Hölle kam man also nicht.

Die alten Ägypter glaubten an die körperliche Auferstehung des Leibes. Hinweise dafür geben die äußerst sorgfältige Präparation des Leichnams sowie die sehr umfangreichen Grabbeigaben besonders beim Pharao und seiner Familie. Nicht zuletzt sind es auch die imponierenden Grabmäler, die Pyramiden. Der Körper sollte möglichst unversehrt ins Reich der Toten gelangen. Um die Verwesung des Körpers zu verhindern, wurden das Gehirn und alle Innereinen entfernt, der Körper entwässert und dann mit Ölen und anderen Substanzen einbalsamiert. Diese Prozedur dauerte bis zu siebzig Tage. Das war dann eine Einbalsamierung erster Klasse. Es gab Varianten, die weniger aufwändig waren für die Personen, die sich eine teure Präparierung der Leiche nicht leisten konnten.

Keine Seelen in Walhalla

Von Ägypten nun in die alten europäischen Regionen, zu den Germanen. Die Herkunft der Bezeichnung ist ungewiss. Man vermutet, dass der Begriff „Germanen" von den Römern im 1. Jahrhundert geprägt worden ist. Es handelte sich nicht um einen einheitlichen Volksstamm sondern um verschiedene Stämme wie: Angeln, Sachsen, Alemannen, Franken, Friesen, Goten, Langobarden, Markomannen, und viele andere mehr. Diese Stämme sind zwar nach und nach ab dem 4. Jahrhundert christianisiert worden. Vorher hatten sie jedoch eine reiche vielfältige Götterwelt[20]. Verehrt wurden hauptsächlich Naturerscheinungen oder Tiere, die man sich als handelnde Wesen vorstellte.

Sehr bekannt ist *Wotan*, der oberste Gott der Germanen. Er reitet das schnellste und kräftigste achtbeinige Pferd *Sleipnir* über Land, Wasser und durch die Luft. Seine Waffe ist das Speer *Gungnir*, das stets sein Ziel trifft. *Wotan* wohnt in Walhall. Ständige Begleiter sind die beiden Wölfe *Freki* und *Geri*. Die beiden Raben *Hugin* und *Munin* informieren ihn über alle Neuigkeiten in der Welt.

---

[20] Quellen: 1) *Germanische Religion* in:
http://wikipedia.org/wiki/Germanen; *Bestattungsrituale Germanen* in: http://www.geschichtsforum.de/f35/bestatung-bei-den-germanen-494/; 2) *Wotan – oberster Germanengott* in:
http://www.harzlife.de/goetter/wotan.html; Zugriffe Dez. 2010

Abb. 6: Wotan, oberster Gott der Germanen
Die Germanen verehrten sowohl Naturerscheinungen als auch Götterpersonen. Oberster Gott war Wotan. Begleitet wird er von zwei Wölfen und zwei Raben. Sein Speer verfehlt nie das Ziel. Daneben gibt es Götter, die für die verschiedenen Naturerscheinungen stehen z.B. Donar für Donner und Blitz.

Bekannt ist auch *Donar* oder *Thor*. Er ist der Gott der Blitze und des Donners und Beschützer vor den Riesen. Sein Hammer *Mjölnir* verfehlt nie sein Ziel. Kraft schöpft er aus einem Kraftgürtel und eisernen Handschuhen. *Donar* hat dem Donnerstag den Namen gegeben. Auch *Freya* gehört zu den populäreren Göttern. Sie steht für Liebe und Fruchtbarkeit. Der Name Freitag ist eine Erinnerung an sie.

Das Universum der Germanen kennt insgesamt neun Welten, die in drei Bereiche eingeteilt werden können: *Asgard*, die Welt der Götter; *Midgard*, die Welt der Menschen, Tiere, Dinge und *Unterwelt*, mit dem

Zwergenreich *Nidavellir* und dem Totenreich *Hel*. Die Götter wurden auf Waldlichtungen, heiligen Heinen oder an heiligen Gewässern verehrt. Geopfert wurden Pflanzen, Tiere, seltener auch Menschen. Entweder wollte man etwas von den Göttern erbitten oder sich durch das Opfer für etwas bedanken.

Die Germanen glaubten an ein Leben nach dem Tod. Es sieht in ihrer Vorstellung ähnlich aus, wie das diesseitige Leben. Daher spielte der soziale Status der Lebenden auch im Jenseits eine gewichtige Rolle. Wurde beispielsweise ein tapferer Krieger im Kampf getötet, dann kamen die *Walküren* – Naturgeister in Gestalt jungfräulicher Kriegerinnen – und brachten die Gefallenen sofort nach *Walhall* zu *Odin* bzw. *Wotan*. *Wallhall* als „Halle der Kampftoten" ist der Aufenthaltsort der Krieger, die auf dem Schlachtfeld gefallen sind. Dort werden ihre Wunden geheilt und sie bekommen reichlich zu Essen und zu trinken. In *Walhall* befinden sich die Sitze der Götter. Die Toten wurden in der Regel in Erdgräbern bestattet oder verbrannt. Für ihre Reise ins Jenseits erhielten sie Grabbeigaben.

Wer nicht im Kampf gefallen ist, der kam in das Totenreich *Hel* unter der Erde. Aber so einfach ging es nicht: Man musste über den Fluss *Gjöll* und an dessen Ende am vieräugigen Höllenhund *Garm* vorbei. Eine differenzierte Vorstellung von so etwas wie Seele gab es bei den Germanen sehr wahrscheinlich nicht. Körper und Nicht-Körperliches wurden als Einheit betrachtet, die nach dem Tod weiter existierte – allerdings in einem andern Weltbereich, also nicht mehr in *Midgard*, der Lebenswelt der Menschen, sondern in *Walhall* oder *Hel*. Wer hier Ähnlichkeiten sieht mit der Dreiteilung beim christlichen Glauben, Himmel-Erde-Hölle, der liegt nicht ganz falsch.

Solche Analogien gelten auch für viele christliche Feiertage. Die Kirche sah sich bei der Missionierung der Heiden außer Stande heidnische Bräuche auszurotten. Sie deutete daher diese heidnischen Feiertage oft einfach im christlichen Sinne um. Der 25. Dezember beispielsweise, also Weihnachten als Geburtstag von Jesus, ist erstmals als kirchlicher Feiertag 336 in Rom belegt. Kaiser *Aurelian* (214 – 175 v. Chr.) hatte dieses Datum schon im Jahr 274 v. Chr. als reichsweiten Festtag für den Sonnengott *Sol* (lat. Sonne) festgelegt[21].

Die Christen erkannten früh Parallelen zwischen diesem Sonnengott und „Christus, der wahren Sonne" (*Christus verus Sol*). Bibelhistoriker meinen, das wirkliche Geburtsjahr des historischen Jesus liegt etwa 4 v. Chr. oder vorher. Er wurde wahrscheinlich im Herbst geboren, weil die Schafe noch auf der Weide waren

---

[21] Quelle:
https://de.wikipedia.org/wiki/Sol_%28r%C3%B6mische_Mythologie%29, Zugriff 25.1.2016

(Lukas 2, 8) – ein Zustand, den man im Dezember nicht so angetroffen hätte.[22]

Es menschelt im Olymp

Über die alten Griechen ist wesentlich mehr bekannt als über die Maya, Ägypter oder Germanen. Wir verdanken dies auch den Werken der Dichter *Homer* und *Hesiod* aus der Zeit von 8. bis 7. Jahrhundert v.Chr. Durch Ihre Werke ist viel Wissen über deren Götterwelt erhalten geblieben. Die Götter der Griechen waren zwar unsterblich, jedoch hatten sie alle guten und schlechten Eigenschaften, die man auch Menschen zuschreiben kann. Zudem kamen immer wieder neue Götter hinzu. Selbst *Zeus*, das Oberhaupt der griechischen Götterwelt, war ein Abkömmling in der 3. Göttergeneration. Der hatte seinen Vater *Kronos* ausgeschaltet und *Kronos* wiederum dessen Vater *Uranos*.

Nach dem Putsch von *Zeus* gegen seinen Vater *Kronos*, haben er und seine beiden Brüder *Poseidon* und *Hades* das Universum aufgeteilt. *Zeus* erhielt die Erde und den Himmel mit Olymp, dem Sitz der wichtigsten, der sogenannten olympischen Götter. *Poseidon* durfte über die Meere herrschen. Und *Hades* bekam den unerfreulichsten Teil, die Unterwelt. Hierhin kamen die Toten, blutleere Schatten ihrer einstigen Existenz.

---

[22] Quelle: http://www.weltvonmorgen.org/lesen-artikel.php?id=169&title=was-verschleiern-die-feiertage, Zugriff: 26.1.2016

Den Toten war keine Rückkehr mehr gestattet. Wenn die Bewohner des *Hades* während ihres Lebens schwerwiegende Verfehlungen begangen hatten, könnten sie zusätzlich noch bestraft werden. *Hades,* Hölle und Strafen finden wir auch im späteren Christentum wieder.

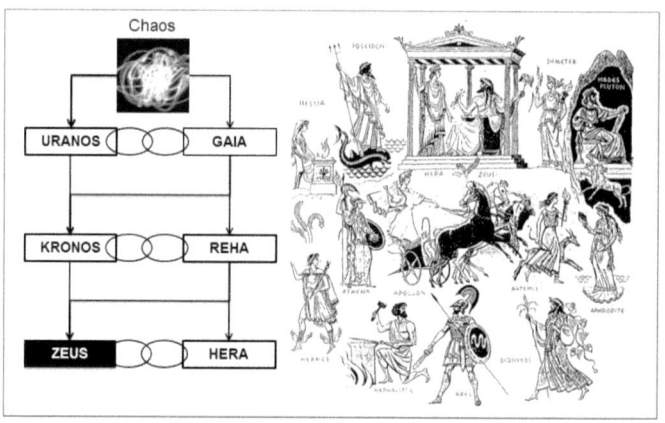

Abb. 7: Götterkinder entmachten ihre Eltern
Die Welt ist für die alten Griechen aus dem Chaos entstanden. Aus der Vereinigung von Göttern gingen Götterkinder hervor. Die jedoch entmachteten ihre eigenen Eltern. Zeus ist nach dem Mythos ein Enkel des ersten Götterpaares Uranus und Gaia. Die Griechen hatten keine Probleme, immer wieder neue Götter in ihr Religionsbild aufzunehmen.

Eine Ausnahmesituation gab es: *Elysion*, die „Insel der Seligen". Dorthin durften die Helden, die von den Göttern geliebt wurden. Für die Lebenden gab es also kaum Trost für die Zeit nach ihrem Ableben. Erlösung war nicht vorgesehen. Die Religion der alten Griechen war am Diesseits orientiert. So etwas wie Seele, war in den Hautströmungen des religiösen Denkens nicht vorhanden.

Eine weitere Ausnahme waren die sogenannten *Orphiker*. Sie glaubten an eine göttliche unsterbliche Seele. Der Körper war für sie ein Gefängnis, aus dem sich die Seele nach dem Tod befreien konnte. Wenn das Leben des betreffenden Menschen nicht einwandfrei war, konnte die Seele bestraft werden, wurde jedoch für eine weitere Chance wiedergeboren. Durch asketisches und wohlgefälliges Leben konnte dieser Kreislauf unterbrochen werden und die Seele durfte ein glückliches Leben im Jenseits führen. Auch hier finden wir Ähnlichkeiten mit dem späteren Christentum.

Zur Offenheit der griechischen Religion schreibt der Philosoph und Autor *Norbert Froese* in seinem Artikel über „*Griechische Geschichte bis 336 v.Chr.*" folgendes: „*Ständig sickerten neue religiöse Strömungen, neue Gottheiten und neue religiöse Mythen ein. Angesichts der Neigung der Griechen, jeden dargestellten Gott auch noch anzubeten und angesichts ihres Bedürfnisses jeden Mythos zu ihrem eigenen zu machen, droht die religiöse Überlieferung im Chaos zu versinken.*"[23]

---

[23] Froese, Norbert: *Griechische Geschichte bis 336 v.Chr.* in: http://antike-griechische.de/griechische-geschichte.pdf; S. 8, Zugriff 3.11.2011

Die Römer haben bis zu ihrer Christianisierung die Götterwelt der Griechen weitgehend übernommen. Die Namen sind zwar anders, aber es gibt eindeutige Zuordnungen. Hier ein paar Beispiele (griechisch / römisch): Zeus / Jupiter, Poseidon / Neptun; Hades / Pluto; Aphrodite / Venus, Eros / Amor.

Abb. 8: Griechische Götter im römischen Götterhimmel
Bis zur Christianisierung der Römer im frühen 4. Jahrhundert waren die Römer was Götter betrifft recht großzügig. Die meisten Götter stammen von den Griechen. Aber auch die aus eroberten Gebieten wurden problemlos integriert.

Kurze Zusammenfassung

Verschiedene historische Religionen hatten keine oder unterschiedliche Auffassungen von einer Seele. Bei den Mayas hatte sie ihren Sitz im Blut. Die Germanen machten keine große Unterscheidung zwischen Diesseits und Jenseits. Das Jenseits war mehr oder weniger eine Fortsetzung. Die Griechen – und auch die

Römer – waren mehr am Diesseits interessiert. Ihre Götterwelt war ein Abbild ihrer eigenen Gesellschaft. Eine einigermaßen einheitliche Auffassung von dem, was wir Seele nennen, war also nicht erkennbar. Viele Vorstellungen über das Jenseits findet man im Christentum wieder.

IV Griechen, Christen und Andere

Die griechischen Philosophen streiten über die Seele. Für Demokrit gibt es Seelenatome. Platon meint, die Seele sei schon immer da gewesen und unsterblich. Für Aristoteles sitzt die Seele schon im Samen und nach der Geburt im Herz. Die Christen sorgen weiter für Verwirrung. Und einige heutige Philosophen meinen, dass das mit der Seele nur ein großes Missverständnis sei.

Die griechische Philosophenseele

Für unsere Zwecke, also die Betrachtungen des Seelenbegriffes, ist nicht die Religion der Griechen, sondern sind die griechischen Philosophen interessanter. Wir werden jedoch deren Philosophie nur insoweit streifen, als sie etwas über die Seele oder Psyche gesagt haben. Und wir werden auch nicht alle berücksichtigen, sondern nur *Demokrit* (460-370 v.Chr.), *Platon* (427-347 v.Chr.) und *Aristoteles* (384-322 v.Chr.).[24]

Demokrit (384 – 322 v.Chr.) war derjenige, der den Begriff „Atom" geprägt hat. Für ihn war das Atom die kleinste und nicht mehr teilbare Einheit. Er soll darüber gesagt haben: *„Nur scheinbar hat ein Ding eine Farbe, nur scheinbar ist es süß oder bitter. In Wirklich-*

---

[24] Quellen: 1) Russel, Bertrand: *Philosophie des Abendlandes.*, 2) www.wikipedia.de: Demokrit, Platon, Aristoteles; 3) Ulfig, Alexander: *Lexikon der philosophischen Begriffe*

keit gibt es nur Atome im leeren Raum."[25] Für *Demokrit* bestand die Seele aus Seelenatomen, die in der Luft schweben und ein- und ausgeatmet werden. Der Tod war das Ende dieses Stoffwechsels. Unsterblichkeit gab es für ihn nicht. Die Seelenatome haben sich irgendwann in irgendeinem anderen Körper wieder gefunden.

Demokrit (527-370 v.Chr.)	Platon (427-347 v.Chr.)	Aristoteles (384-322 v.Chr.)
▪Seele materiell ▪Seelenatome in der Luft schwebend ▪Ein-/Ausatmen ▪Tod = Ende des Stoffwechsels ▪Seelenatome werden frei	▪Seele immateriell und unsterblich ▪Körper ist Gefängnis ▪Wissen = Erkennen der ewigen Wahrheiten ▪Tod = Befreiung ▪3 Seelenteile (Vernunft-, Trieb-, Mutseele)	▪Seele entsteht neu ▪Im Samen vorhanden ▪Formt Körperliches ▪Wissen = Sehen und Denken (Abstraktion) ▪Sitz = Herz ▪Geist „aktiver Intellekt" unsterblich

Abb. 9: Seele in der griechischen Philosophie
Während Demokrit noch von Seelenatomen ausging, die von Lebenden ein- und ausgeatmet werden, war für Platon und Aristoteles die Seele etwas Immaterielles. Bei Platon ist sie unsterblich, bei Aristoteles entsteht sie mit jeder Geburt immer wieder neu. Mit den heutigen Erkenntnissen aus Medizin und Naturwissenschaften scheinen die Vorstellungen etwas naiv zu sein.

---

[25] Zitiert nach: Capelle, Wilhelm: *Die Vorsokratiker,* 1935, Bd. 119, S. 135

Platon (427 – 347 v.Chr.) war ein Schüler von *Sokrates* (469 – 399 v.Chr.) Für *Platon* war die Seele immateriell und unsterblich. Sie hatte schon vor dem Körper existiert. Wissen und Erkenntnisse entstanden dadurch, dass sich die im Körper befindliche Seele an das universell und ewig vorhandene Wissen erinnerte. Weil der Körper vergeht, aber die Seele ewig bestehen bleibt, hat für den Menschen oberste Priorität, für seine Seele zu sorgen. Sie musste vor dem jenseitigen Seelengericht bestehen. Die Seele konnte in einem neuen Körper wieder geboren werden, hat aber dann keine Erinnerung mehr an ihre vorherige Existenz. Was natürlich für die Seelentheorie Platons äußerst praktisch war. In seinen späteren Schriften unterscheidet Platon drei Seelen: 1. Vernunft-Seele mit dem Sitz in Gehirn, 2. Trieb-Seele mit dem Sitz im Unterleib und 3. Mut-Seele mit dem Sitz in der Brust. Nur die Vernunftseele bleibt ewig erhalten. Die anderen sterben mit dem Tod der Person.

Aristoteles (384 – 322 v.Chr.) war zwar Schüler von *Platon*, hat aber dessen Philosophie kritisiert. *Aristoteles* sieht die Seele nicht unabhängig vom Körper. Seele ist für ihn nur eine konkrete Form des Körperlichen. Erkenntnis ist für Aristoteles nicht das Wiederinnern an das immer schon vorhandene Wissen, wie bei *Platon*. Für ihn entstehen Wissen und Erkenntnisse über Sinneswahrnehmungen und darüber hinaus als Abstraktionen durch Denken. Sitz der Seele ist für ihn das Herz. Die Seele ist bereits im Samen anwesend. Der Mensch unterscheidet sich von den übrigen Lebewesen durch seine Denkfähigkeit, seinen Geist. Während Körper und Seele sterben, ist der Geist, der „aktive Intellekt" unsterblich.

Die Seelenverwirrungen der Bibel

Nach der Schöpfungsgeschichte der Bibel schuf Gott am sechsten Tag den Menschen, wie es heißt: *„zu seinem Bilde, zum Bilde Gottes schuf er ihn"*.[26] Er nahm dazu *„Erde vom Acker und blies ihnen den Odem des Lebens in seine Nase. Und also ward der Mensch eine lebendige Seele."*[27] In einer neueren Übersetzung heißt es jedoch: *„... so ward der Mensch zu einem lebendigen Wesen."*[28] Ob Seele oder Wesen, der Mensch wäre entsprechend diesen Bibelzitaten eine Einheit von Körper und einem unsichtbaren, nicht-körperlichen Etwas. Theologische Erläuterung zu dieser Bibelstelle stellen klar, dass der Mensch ein Doppelwesen sei, mit seinem Körper den Tieren gleich, jedoch durch den „Odem" ein geistig freies Wesen, mit Gott verwandt und zu seiner Gemeinschaft berufen. Das hebräische Wort für Odem bedeute auch Geist.[29]

---

[26] Mose 1.27, in Die Bibel: Württembergische Bibelanstalt Stuttgart, 1962
[27] 2. Mose 2.7; in Die Bibel: Württembergische Bibelanstalt Stuttgart, 1962
[28] 2. Mose 2.7; in Die Bibel: Weltbild Verlag, 2008
[29] 2. Mose 2.7; in Die Bibel: Württembergische Bibelanstalt Stuttgart, 1962

Gibt man den Suchbegriff „Seele" im Internet in der Online-Bibel[30] ein, dann erhält man 420 Treffer. Jedoch sind die Bedeutungen an verschiedenen Textstellen höchst unterschiedlich. So heißt es beispielsweise bei einer Essensvorschrift: *„Allein merke, dass du das Blut nicht essest, denn das Blut ist die Seele"*[31]. Wobei in einer neueren Bibelübersetzung[32] Seele durch Leben ersetzt ist. An anderer Stelle ist die Seele etwas, das beim Sterben entweicht. So heißt es, als *Jakobs* Frau *Rahel* bei der Geburt stirbt: *„Da ihr aber die Seele ausging, dass die sterben musste"*[33]. Dass das Wort Seele in den verschiedenen Bibelübersetzungen[34] nicht immer gleich verwendet wird, zeigen die unterschiedlichen Trefferzahlen. In der Lutherbibel 1984 erhält man 189 Verweise auf Seele, in der Elberfelder Bibel 382.

Ist nach christlichem Verständnis die Seele eine selbständige Existenz unabhängig vom Körper? Kann sie sich durch den Tod vom Körper wieder trennen und alleine weiter existieren? Wenn ja, wo ist sie? Oder ist

---

[30] Quelle: www.bibel-online.de, Lutherbibel 1912, Suchbegriff: Seele, Zugriff 8.1.2016
[31] 5. Mose 12.23; in Die Bibel: Württembergische Bibelanstalt Stuttgart, 1962
[32] 5. Mose 12.23; in Die Bibel: Weltbild Verlag, 2008
[33] 1. Mose 35.18; in Die Bibel: Württembergische Bibelanstalt Stuttgart, 1962
[34] Quelle: www.bibelserver.com, Suchbegriff: Seele, Zugriff 4.6.2016

sie nur eine Leihgabe des Schöpfergottes, die mit dem Körper untergeht oder zu ihrem Gott zurückkehrt?

Irritationen im Glaubensbekenntnis

Wie sieht es nun bei den heutigen Christen aus? Folgende Frage wurde bei einer Umfrage im Jahr 2007 bei tausend Personen über achtzehn Jahren in Deutschland gestellt: *„Wie stark glauben Sie daran, dass es ein Leben nach dem Tod gibt?"*[35]. Knapp die Hälfte, nämlich 48 Prozent antworten mit *„gar nicht oder wenig"*. Immerhin 33 Prozent der befragten Personen antworteten mit *„sehr oder ziemlich"*, glauben also an ein Leben nach dem Tod. Trotz aller Rationalität, die unsere heutige Gesellschaft für sich beansprucht, scheint der Glaube an ein Jenseits bei einem Drittel der Bevölkerung noch vorhanden zu sein. Da aber unser Körper nach dem Tod entweder verbrannt wird oder verwest, bleibt die Frage, wie dies geschehen soll.

Nimmt man das christliche Glaubensbekenntnis in seiner ökumenischen Fassung[36], dann kann man dort über den Glauben an *Jesus Christus* lesen: *„[...] gekreuzigt, gestorben und begraben / hinabgestiegen in das Reich des Todes / am dritten Tage wieder auferstanden von den Toten / aufgefahren in den Himmel*

---

[35] Quelle: http://de.statista.com; Zugriff 3.1.2011
[36] Übersetzung vom 15./16.12.1970 von der Arbeitsgemeinschaft für liturgische Texte der Kirchen des deutschen Sprachgebietes

[...]", und gegen Ende steht: *„Ich glaube an [...] die [...] Auferstehung der Toten / und das ewige Leben."*

Abb. 10: Auferstehung Christi als zentraler Glaubensinhalt
Die Auferstehung von Christus ist ein zentrales Glaubensdogma der christlichen Religion. Man stellt sich diesen Vorgang vor als Auferstehung der körperlich-geistig-seelischen Einheit. Nur die Seele hätte später dem „ungläubigen Thomas" nicht körperlich begegnen können.

Was ist nun die Einheit, dieses Etwas, wofür das ewige Leben vorgesehen ist? Ist es die unsterbliche Seele des griechischen Philosophen *Platon?* Und wenn nicht, was ist es dann? Manche meinen, dass große Übereinstimmung vorhanden sei, zwischen den Vorstellungen der antiken Philosophen und dem Christentum. Der Soziologe und Autor *Robert Misik* (*1966) meint, besonders der Kirchenvater und Philosoph *Augustinus* (354 – 420) habe griechische Philosophie und christliches Gedankengut zusammengerührt. Er sei ein *„schlimmer autoritärer Finger"* gewesen, *„der die Spaltung von Geist und Leib theologisch auf die Spitze trieb und uns die Körperfeindschaft einbrockte".* (Misik 2010:175,176)

Der Tod von Sokrates und Jesus

Doch im Sterben unterscheiden sich beispielsweise *Sokrates* (469 – 399 v.Chr.) und *Jesus*. *Sokrates*, dessen bekanntester Schüler *Platon* war, wurde im Jahre 399 v.Chr. wegen Gottlosigkeit zum Tode verurteilt. Die Todesart konnte er sich selbst auswählen. Er wählte den Schierlingsbecher. Der giftige Saft des gefleckten Schierlingspilzes wurde in einer Flüssigkeit verdünnt und getrunken. Der Tod tritt durch Atemlähmung ein und zwar bei vollem Bewusstsein des Sterbenden. So konnte *Sokrates* bis kurz vor seinem Erstickungstod mit seinen Schülern reden und diskutieren. Er nahm den Tod sehr gelassen hin. Denn nach seiner Philosophie war der Körper nur ein vorübergehendes Gefängnis der ewigen Seele. Mit dem Tod war die Seele befreit. Todesangst empfand *Sokrates* nicht – wenn man den Schilderungen von *Platon* glauben darf. Diese Gelassenheit und Ruhe des *Sokrates* war das Ergebnis seines Glaubens an ein geistiges Leben in einer anderen Welt.

Ganz anders der Tod von *Jesus*. Das Sterben ist für ihn keineswegs etwas Göttliches, sondern ein schreckliches und schmerzliches Geschehen.

Abb. 11: Sterben von Sokrates und Leiden von Jesus
Der griechische Philosoph Sokrates ging gelassen in den Tod. Jesus wurde vorher gefoltert und musste am Verbrecherkreuz sterben. Er bettelte darum, dass ihm dies erspart bleiben möge.

Im Neuen Testament gibt es genügend Stellen, die dies belegen. So zitiert *Markus* die Worte *Jesus* im Garten Gethsemane (Markus 14,34): *„Meine Seele ist betrübt bis in den Tod ...".* Und weiter: *„Vater, lass diesen Kelch vorübergehen an mir ...".* Apostel *Paulus* beschreibt in seinem Brief an die Hebräer (Hebräer 5,7) den Zustand von *Jesus* noch dramatischer mit folgenden Worten: *„Und in den Tagen seines Fleisches hat er unter lautem Stöhnen und unter Tränen Gebete und Flehrufe vor den gebracht, der ihn vom Tode erretten konnte ...".* Und über die letzten Minuten *Jesu* am Kreuz berichtet nochmals *Markus* (Markus 15,37): *„Jesus aber stieß einen lauten Schrei aus und verschied".*

Der Philologe und evangelische Theologe *Oscar Cullmann* (1902 – 1999) drückt den Unterschied in seinem Buch *„Unsterblichkeit der Seele oder Auferstehung von den Toten"* so aus: *„Dort Sokrates, der ruhig und gelassen über die Unsterblichkeit der Seele spricht; hier der schreiende und weinende Jesus. Und dann die Todesszene selbst. Mit erhabener Ruhe trinkt Sokrates den Schierlingsbecher. Jesus aber ´schreit´ mit dem Psalmwort: ´Mein Gott, mein Gott, warum hast du mich verlassen?´"*[37]

Der Tod *Jesu* ist also kein Beispiel für die Freude auf ein jenseitiges Leben. Es ist scheinbar das konkrete, unbarmherzige und endgültige Ende. Alles was die Person *Jesu* ausmachte ist vergangen. Lediglich die Leiche, der Körper bleibt den Trauernden. Kritisch wird deshalb der Glaube an die leibliche Auferstehung nach drei Tagen. Mit ihr steht und fällt das Christentum. Es geht nicht um die ewige Seele, die aus dem Körpergefängnis endlich befreit wird. Nach der christlichen Lehre sind Leib und Seele eine Einheit, die zwar sterben, am Tage des Jüngsten Gerichtes wieder als Einheit neu auferstehen, von Gott neu geschaffen werden. Allerdings dann mit einem Leib, der nicht der irdischen Vergänglichkeit unterworden wird.

---

[37] Cullmann, Oscar: Unsterblichkeit der Seele oder Auferstehung von den Toten. Die Antwort des Neuen Testaments, in: https://scho2.kohlhammer.de/shopx/shops/kohlhammer/data/pdf/978-3-17-020979-4_l.pdf; Zugriff 4.1.2011

Es gab in der Kirchengeschichte zwar immer wieder Bemühungen, eine unsterbliche Seele einzuführen. Dies geschah unter dem Einfluss der griechischen Philosophen. Aber letztlich hat sich die Vorstellung durchgesetzt, dass Leib *und* Seele eine Einheit bilden, die stirbt und als Einheit, als Neuschöpfung Gottes wieder aufersteht. Sag doch das Glaubensbekenntnis: *„Ich glaube an ... die ... Auferstehung der Toten / und das ewige Leben."*

Im Katechismus der katholischen Kirche von 1997 steht dazu unter der Nr. 365: *„Die Einheit von Seele und Leib ist so tief, dass man die Seele als die ´Form´ des Leibes zu betrachten hat..."* Doch unmittelbar danach heißt es unter der Nr. 366: *„Die Kirche lehrt, dass jede Geistseele unmittelbar von Gott geschaffen ist – sie wird nicht von den Eltern ´hervorgebracht´ - und dass sie unsterblich ist: sie geht nicht zugrunde, wenn sie sich im Tod vom Leibe trennt, und die wird sich bei der Auferstehung von neuem mit dem Leib vereinen."*[38] Einerseits bildet sie mit dem Körper eine unauflösbare Einheit, anderseits ist sie doch etwas vom Körper verschiedenes. Ein Widerspruch, der sich wahrscheinlich nur für einen wirklich Gläubigen im Glauben auflösen kann.

---

[38] Zitiert aus: Beiner, Wolfgang: *Die Leib-Seele-Problematik in der Theologie*, 2002, S. 21

Der Leib mit und ohne Seele

Die christlichen Kirchen geben also keine wirklich eindeutige Antwort, wie aus deren Sicht es um Leib und Seele steht. Individuelle Seele und deren Unsterblichkeit ist reine Glaubenssache. Auch die abendländische Philosophie hilft nicht viel weiter. Sie ist bei diesem Thema geteilt in Dualisten und Monisten. Was sind deren grundsätzliche Positionen?

Dualisten vertreten und begründen die Ansicht, dass Körper und Seele verschieden sind, eine materielle und immaterielle Substanz. Ein Vertreter dieser Richtung ist der Philosoph, Mathematiker und Naturwissenschaftler *Rene Descartes* (1596 – 1650). Er war es auch, der nach der letzten Gewissheit seines Seins gefragt hat. Er kam zum Ergebnis, dass die äußeren Erscheinungen und auch die Träume ihn täuschen könnten. Die einzige Gewissheit die er habe, wäre die Tatsache, dass er zweifeln, also denken könne. Daher die bekannte Redewendung: *„Ich denke, also bin ich."*

Das Problem der Dualisten ist es zu erklären, wie etwas Immaterielles (Geist, Seele) auf das Materielle einwirken kann und wo die Seele ihren Sitz hat. *Decartes* lokalisierte die Seele an einer zentralen Stelle im Gehirn, in der Zirbeldrüse. Heute weiß man, dass dieses Organ für die Produktion des Hormons Melatonin verantwortlich ist, mit dem der Schlaf- und

Wachrhythmus gesteuert wird. Eine Seele wurde dort nicht entdeckt.

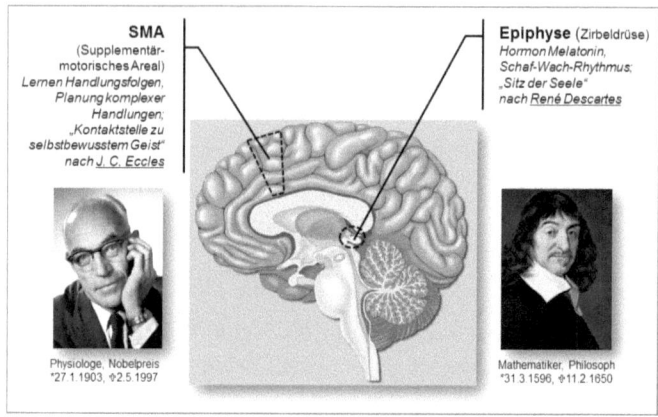

Abb. 12: Dualisten sehen Körper und Seele/Geist getrennt
Rene Descartes (Bild rechts) lokalisierte den Sitz der Seele in der Zirbeldrüse. John C. Eccles (Bild links) meint, sie hätte den Sitz in einem Bereich der Großhirnrinde (SMA). Beide gehen davon aus, dass die Seele eine Einheit ist, die vom Körper getrennt existieren kann. Wie sie Einfluss auf den Körper nehmen kann, bleibt unbeantwortet.

Ein moderner Vertreter des Dualismus wäre der Physiologe und Nobelpreisträger *John C. Eccles* (1903 – 1997). Als Neurowissenschaftler erklärt er zwar die Gehirnfunktionen als körperliche Vorgänge. Dennoch ist er davon überzeugt, dass es eine Seele geben müsse, die mit dem Körper kommunizieren und ihn leiten kann. Die Schaltstelle zwischen Körper und Seele befinde sich nach *Eccles* in einem Bereich der Großhirnrinde. Er beschreibt seine Hypothese in dem Buch *„Das Ich und sein Gehirn"* (Popper/Eccles 1985).

Monisten sind der Überzeugung, dass es keine zwei, sondern nur eine Substanz gibt. Ist diese Substanz der Körper oder sind es nur körperliche Vorgänge, dann nennt man diese Richtung des Monismus den Materialismus. Den griechischen Philosophen *Demokrit*, der mit dem Atom, kann man zu den ersten Materialisten zählen.

Heute wäre ein bekannter Vertreter dieser Richtung der Philosoph *Daniel Dennett* (*1942). In einem Interview in der Zeitschrift *Der Spiegel* wird ihm die Frage gestellt: *„Auch der Geist des Menschen, seine Seele sozusagen, entsteht also auf seelenlose Weise?".* Seine Antwort: *„Aber ja. Als mehrzelliges, bewegliches Geschöpf brauchen Sie einen Geist, weil Sie darauf achten müssen, wohin Sie gehen. Sie brauchen ein Nervensystem, das Informationen aus der Umwelt schnell verarbeitet und Ihr Verhalten steuert."*[39] Auch *Richard Dawkins* (*1941), Biologe, Evolutionstheoretiker und Autor des Bestsellers *„Das egoistische Gen"* würde man zu den Materialisten zählen.

Ist man der Ansicht, es würde sich nicht um eine materielle sondern immaterielle Substanz handeln, dann handelt es sich um den anderen Typ von Monisten, die Idealisten. Für Sie ist alles durch geistig-seeli-

---

[39] Dennett, Daniel: *Süßigkeiten für den Geist,* Interview in: Der Spiegel 52/2005, S. 148

sche Kräfte bewegt. Der Übergang von den Idealisten zu esoterischen Ansichten ist fließend.

Leib-Seele als Pseudo-Problem

Es gibt noch einen weiteren Standpunkt zum Leib-Seele-Problem. Es ist die These, dass es eigentlich kein Problem sei. Das vermeintliche Problem sei nur entstanden aus Begriffsverwirrungen, Übersetzungsfehlern von einer Sprache in die andere und nicht wirklicher Kenntnis der Vorgänge, die sich dahinter verbergen. Das Leib-Seele-Problem wäre damit nur ein Pseudo-Problem. Es gäbe zwar den Leib und die körperlichen Vorgänge, aber Seele, Geist, Ich wären nur hilfreiche Illusionen. Die Frage wäre dann: Wofür sind diese Illusionen hilfreich?

Der Neuropsychologe *Reinhard Werth* (*1947) hat dazu eine eindeutige Meinung. Die letzten Zeilen seines Buches *„Die Natur des Bewusstseins"* lauten: *„Der Annahme einer wie auch immer gearteten Bewusstseinsform, die nach dem Erlöschen aller Gehirnfunktion weiter bestehen könnte, widersprechen alle neurobiologischen und psychologischen Erkenntnisse. Die Hoffnung nach einem Weiterleben nach dem Tod ist zwar psychologisch nachvollziehbar, doch sie entbehrt jeder wissenschaftlichen Grundlage."* (Werth 2010:211)

Mit etwas anderen Worten schreibt der Philosoph und Neuroethiker *Thomas Metzinger* (*1958) in seinem Buch *„Der EGO Tunnel"* folgendes zum Thema Seele:

„In der Zukunft jedoch können Leute, die immer noch an die Existenz einer Seele oder an ein Leben nach dem Tod glauben, nicht mehr auf die Toleranz der westlichen Kultur [...] treffen, sondern zunehmend auf eine eher herablassende Haltung - ähnlich wie Leute, die immer noch im Ernst daran glauben, dass sich die Sonne um die Erde dreht." (Metzinger 2010:297)

Gibt es gute Argumente, diese Aussagen sehr ernst zu nehmen? Oder gehören solche Folgerungen zu den vielen anderen Übertreibungen und Überschätzungen von Naturwissenschaftlern und naturwissenschaftlich orientierten Philosophen?

Kurze Zusammenfassung

Die griechischen Philosophen haben sich intensiver mit der Seele befasst, unabhängig von der vielfältigen und vermenschlichten griechischen Götterwelt. Von Generation zu Generation haben sich die Ansichten darüber jedoch verändert. Das Leib-Seele-Problem ist bis heute nicht gelöst. Weder in der christlichen Religion noch in der abendländischen Philosophie gibt es einen einheitlichen Standpunkt.

Der dogmatische Standpunkt der katholischen Kirche lautet: Es gibt eine individuelle ewige Seele des Menschen. In der Philosophie gibt zwei extreme Ansichten, a) Leib und Seele sind verschiedene Wesenheiten (Dualismus)und b) Leib und Seele sind nur verschiedene Merkmale ein und derselben Wesenheit

(Monismus). Jede Partei kann gute Argumente für ihren Standpunkt anführen, hat aber auch Schwachpunkte, die nicht wirklich ausgeräumt werden können. Sowohl bei den Religionen als auch in der Philosophie kann nicht bewiesen werden, dass es überhaupt eine Seele gibt.

V Seelenloser Mensch-Roboter

Psychologen kommen ohne Seele aus. Die Seele ist vielleicht nur eine hilfreiche Illusion. Mit der Seele kann man experimentieren und simulieren. Und wer bei der Nahtoderfahrung seine Seele über sich sieht, hat Recht und irrt sich dennoch.

Verhalten im Experimentierlabor

Machen wir einen kleinen Zeitsprung in das Jahr 1913. Der Psychologe *John B. Watson* (1878 – 1958) veröffentlichte in einer psychologischen Fachzeitschrift einen Artikel mit dem Titel „*Psychology as the Behaviorist Views it*"[40] (deutsch etwa: Psychologie aus der Sicht des Verhaltensforschers). Er beschreibt dort, wie er die Psychologie künftig sieht. Sie sei nicht mehr eine Analyse innerer Vorgänge im Menschen durch Selbstbetrachtung, durch die Annahme eines selbständigen Ich oder eines Bewusstseins.

Watson sieht die Psychologie als einen Zweig der objektiven experimentellen Naturwissenschaften. Verhalten komme aus seiner Sicht nicht dadurch zustande, dass irgendeine innere Kommandostelle bewusst Verhalten anordnen würde. Es entstünde, so seine Meinung, allein aufgrund von äußeren Reizen und den darauf folgenden Reaktionen. *Watson* meint

---

[40] Watson, John B.: *Psychologie as the Behaviorist Views it*, in: Psychological Review Nr. 20, 1913, S. 158 - 177

sogar, dass er jeden jungen Menschen für jeden beliebigen Beruf begeistern und fit machen könne.

Ziel der experimentellen Psychologie sei es, Verhalten vorherzusagen und zu steuern *("prediction and control of behavior")*. Watson experimentierte zu Beginn seiner akademischen Laufbahn mit Tieren. Da hat er seine ersten Erkenntnisse gesammelt. Die Erkenntnisse dort hat er auf das menschliche Verhalten übertragen. Begriffe wie Bewusstsein oder gar Seele werden mindestens seitdem möglichst gemieden.

Abb. 13: Der Mensch als Reiz-Reaktions-Maschine
Von den sogenannten Behavioristen wird der Mensch als Reiz-Reaktions-Einheit betrachtet. Verhalten wird gesehen als Reaktion auf äußere Reize. Innere Vorgänge, Bewusstsein oder gar eine Seele sind für die Erklärung nicht erforderlich. Ein Pionier dieser Thesen ist der Arzt und Psychologe John B. Watson. Er begann mit Tierexperimenten.

Der Behaviorismus hat viele interessante und praktisch anwendbare Erkenntnisse zum Verhalten von Mensch und Tier beigesteuert. Die Werbung nutzt dies intensiv, um Kaufverhalten zu beeinflussen. Doch die unbegrenzte Formbarkeit von Menschen durch entsprechende äußere Reize gibt es nicht. Denn es sind auch innere Befindlichkeiten, Dispositionen und Wertevorstellungen, die das Verhalten von Menschen wesentlich mit beeinflussen. Zudem war ein ernster Kritikpunkt, dass die in Labors durchgeführten Experimente nicht der realen Lebenssituation entsprechen würden. Denn in der Realität gibt es vielfältige, sich überlagernde und oft bewusst gar nicht wahrgenommene Reize, die auf Personen einstürzen.

Ich und Seele als hilfreiche Illusion

Der Philosoph und Kognitionswissenschaftler *Achim Stephan* (*1955) meint: *„Wenn in zeitgenössischen Debatten in der Philosophie des Geistes oder in der Kognitions- und Neurowissenschaft das Leib-Seele-Problem erörtert wird, dann geht es in der Regel um die nach wie vor rätselhaft anmutende Beziehung zwischen der physischen Beschaffenheit unseres Körpers auf der einen Seite und den uns unmittelbar präsenten psychischen Zuständen und Vorgängen, unseren ´Geist´, auf der anderen Seite."*[41]

---

[41] Stephan, Achim: Leib-Seele-Problem, in: Lexikon der Neurowissenschaft,

Es scheint ja offensichtlich zu sein, dass wir eine Person mit einem Ich, einer unverwechselbaren Identität sind. Und ebenso offensichtlich scheint es zu ein, das wir einen eigenen Willen haben. Wir können uns selbst beispielsweise die Anweisung geben, jetzt die Hand hochzuheben und wir können es auch tun. Aber der Umstand, dass etwas so zu sein scheint, ist noch lange kein Beweis dafür, dass es auch tatsächlich so ist. Die Sonne scheint sich auch um die Erde zu drehen – aber es ist gerade umgekehrt.

Eine erste ernüchternde Erkenntnis ist die, dass wir die Welt wie sie ist, gar nicht direkt wahrnehmen können. Wir können nur einen kleinen Teil der elektromagnetischen Wellen als sichtbares Licht wahrnehmen. Und gegenüber Delphinen oder Fledermäusen sind wir fast taub. Der schon erwähnte Philosoph *Metzinger* beschreibt den Grund für dieses Defizit so: *„Die Leistungsfähigkeit unserer Sinnesorgane ist begrenzt: Sie entstanden im Lauf der Evolution und verbesserten die Überlebenschancen der Individuen, aber sie wurden nicht mit dem Ziel entwickelt, die enorme Fülle und den Reichtum der Wirklichkeit in all ihren unauslotbaren Tiefen wahrheitsgetreu abzubilden."* (Metzinger 2010:21)

---

www.spektrum.de/lexikon/neurowissenschaft/leib-seele-problem/6967, Zugriff 27.1.2016

Dennoch haben wir den Eindruck, dass wir die Wirklichkeit so erkennen, wie sie ist. Wenn wir aber gar keinen direkten Kontakt zu ihr haben können, müssen wir uns eine Vorstellung von dieser Welt gemacht haben und laufend machen, um uns darin zurechtzufinden. Wir bilden in unseren Gedanken ein Welt-Modell. Damit es dazu kommen kann, muss unser Gehirn eine außergewöhnliche Leistung vollbringen, die uns gar nicht bewusst ist: Es muss die verschiedenen Sinneseindrücke und unsere bisherigen Erfahrungen zu einem geschlossenen Bild kombinieren.

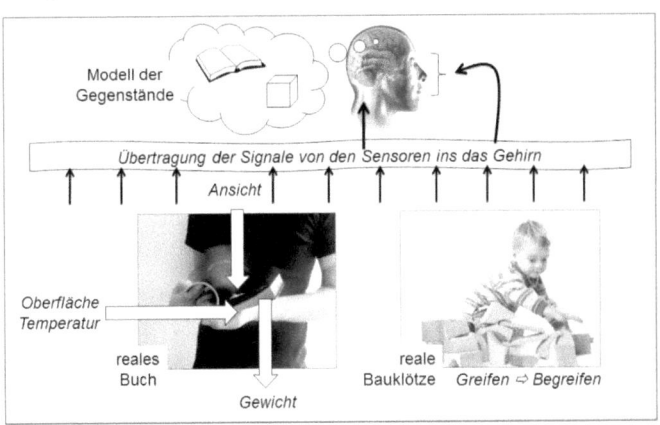

Abb. 14: Unser Gehirn erstellt ein Modell der Welt
Wir haben nur indirekt Zugang zur Umwelt durch unsere Körpersensoren. Aus verschiedenen Eindrücken (sehen, fühlen, riechen, hören etc.) wird ein Modell eines Gegenstandes erstellt. Dies gelingt dem Gehirn trotz Zeitverzögerungen mit denen die verschiedenen Signale bei ihm eintreffen. Durch diese Integrationsleistung können wir auch erkennen, wo unser Körper seine Außengrenzen hat.

Die sensible Gummihand

Ein Beispiel mag dies verdeutlichen. Nehmen wir an, Sie halten ein Buch in Ihrer Hand. Ihr Auge sieht dieses Buch, Ihre Armmuskeln bemerken das Gewicht und Ihre Haut fühlt die Rauheit der Oberfläche und die Temperatur. Die verschiedenen Sensoren übermitteln diese Informationen über einige Zwischenstationen ins Gehirn. Die Laufzeiten der Signale sind zwar sehr kurz, aber dennoch erreichen sie zu verschiedenen Zeiten das Gehirn. Dort müssen die Eindrücke trotz der Zeitverschiebungen zu einem Gesamtbild zusammengesetzt werden. Ergebnis ist ein Modell des Buches, ein virtuelles Buch in Ihren Vorstellungen.

Auf die ähnliche Weise kommt die Vorstellung vom eigenen Körper zustande. Durch den Kontakt mit der außerkörperlichen Welt erkennen wir unsere Grenzen. Kleine Kinder müssen im wahrstein Sinne des Wortes alles „begreifen". Wir wissen, wo unser Körper aufhört. So entsteht das Gefühl der körperlichen Identität, der „Meinigigkeit", wie die Philosophen sagen würden. „Aber das ist doch trivial", werden Sie vielleicht jetzt denken, „das kann doch gar nicht anders sein." – Es kann! Beispielsweise wird ein sehr geübter Skifahrer seine Skier mit der Zeit nicht mehr wahrnehmen. Sie sind praktisch in sein Körperempfinden integriert. Gleiches gilt für einen Tennisspieler oder Motorradrennfahrer. Das Gerät ist für die Zeit des

Rennens oder Spiels praktisch Bestandteil der Körperempfindung geworden.

Man kann diesen Eindruck der erweiterten Körperempfindung auch durch ein einfaches Experiment erzeugen, die sogenannte „Gummihand-Illusion"[42]. Das geht so: Die Testperson sitzt vor einem Tisch. Die rechte Hand legt sie unter den Tisch auf ihren Schoß. Sie wird nicht benötigt. Die linke Hand wird auf dem Tisch gelegt. Die Sicht auf sie wird durch eine Stellwand verhindert. Auf der anderen Seite der Stellwand liegt eine linke Gummihand. Sie kann gesehen werden. Nun werden gleichzeitig sowohl die (sichtbare) Gummihand als auch die (verdeckte) echte Hand mit einem Pinsel wiederholt gestreichelt. Nach etwa zwanzig bis dreißig Wiederholungen wird nur noch die sichtbare Gummihand gestreichelt.

In über achtzig Prozent der Fälle meinen die Versuchspersonen, das Streicheln an der echten Hand immer noch zu spüren, obwohl diese Hand gar nicht mehr gestreichelt worden ist. Die Gummihand wurde in das eigene Körperempfinden integriert. Es ist eine Körperillusion entstanden, ein virtueller Körperteil. Es konnte nachgewiesen werden, dass die Berührungsillusion die gleichen neuronalen Aktivitäten im Gehirn erzeugt wie die wirkliche Berührung.

---

[42] Siehe auch: Botvinik & Cohen: Rubber Hand ´Feels´ Touch That Eyes See; Nature 391, 1998, S. 756; und in Youtube das Video "Die Gummihand-Illusion" unter: https://youtu.be/xf5Ur5qQHrA

Der Preis des Denkens

Meinigkeit, so kann man sagen, ist die subjektive Gewissheit, dass etwas zu mir als physischer Bestandteil meiner Person gehört. Wir haben am Gummihand-Experiment aber gesehen, dass dies auch eine Illusion sein könnte. Doch wie können wir erklären, dass wir einschlafen, und nach dem Aufwachen wissen, dass wir noch der oder die gleiche sind, die sich am Abend ins Bett gelegt hat? Während des Schlafens waren wir ohne Bewusstsein. Dennoch können wir uns daran erinnern, dass der Körper noch der gleiche ist wie vorher, dass die Gedanken und Überzeugungen heute noch die von gestern sind. Wir können uns daran erinnern, was wir während einer zurückliegenden Zeit erlebt, gefühlt und getan haben – es sei denn, wir waren stockbetrunken und haben einen sogenannten „Blackout".

Erinnern können wir uns im Wachzustand nur an das, was wir bewusst wahrgenommen haben. Und bewusst wahrnehmen, können wir nur etwas, wenn wir einem Ereignis genügend Aufmerksamkeit geschenkt haben. Diese Aufmerksamkeit, so scheint es, ist von uns steuerbar. Es müsste also irgendetwas da sein, was das bewerkstelligt. Es könnte nur etwas sein, was über den Körper herrscht. Hinzu kommt noch, dass wir unsere eigenen Gedanken zum Gegenstand unsers Denkens machen können. Und ist es nicht so, dass wir nur etwas betrachten können, wenn wir außerhalb stehen? Bevor wir nun zu dem messerscharfen – aber zweifelhaften – Schluss kommen, das könne nur so etwas wie eine Seele sein, fragen wir nach dem Sinn des Bewusstseins und des Ich-Gefühls.

Nach alldem, was wir über die Evolution wissen, kann man davon ausgehen, dass Bewusstsein und Ich-Gefühl sich nur entwickelt haben können, wenn dadurch ein Überlebensvorteil verbunden war und ist. Allerdings hat jede neue Fähigkeit einen Preis, den das Lebewesen „bezahlen" muss. *„Theres is no free lunch"* (deutsch: Es gibt kein Essen umsonst), heißt es in einer englischen Redensart. Und die Währung dieses Preises ist Zucker beziehungsweise Glukose. Die Biologen nennen es einen „metabolischen Preis".

Metabolismus steht für Stoffwechsel innerhalb eine Lebewesens. Glukose ist sozusagen der Treibstoff unseres Gehirns. Kognitive Leistungen, also Leistungen wir Wahrnehmen, Verarbeiten, Bewerten, Folgern verbrauchen Energie. Durch eine neue Eigenschaft muss deshalb also mehr Energie aus der Umwelt entnommen werden können, als verbraucht wird. Die Energiebilanz muss positiv sein. Alle Lebewesen sind Energieräuber. Die geschickteren einfallsreicheren von ihnen kommen besser dabei weg.

Wenn nur der Avatar stirbt

Was wäre nun in diesem Zusammenhang der Vorteil von Bewusstsein und Ich-Gefühl? Das betreffende Lebewesen, hier der Mensch, ist damit in der Lage vorbeugend sehr flexibel auf unerwartete Situationen der Umwelt zu reagieren. Ein Tier, dessen Verhalten durch Instinkte und Reflexe weitgehend festgelegt ist, kann das nicht. Mit einem Ich-Bewusstsein oder Selbst-Bewusstsein kann man sich selbst als Handelnder sehen. Man kann mögliche Handlungen in Gedanken simulieren, bei denen man sich selbst als Subjekt sieht. Und entsprechend dem Ergebnis der gedanklichen Simulation ist es dann möglich zu entscheiden, welche Handlung oder Unterlassung die höchste Erfolgswahrscheinlichkeit hat, den größten Nutzen bringt.

Man hat ja in Gedanken das Modell der Umwelt und kann deshalb als gedanklicher virtueller Stellvertreter darin handeln. Man wird zum eigenen Avatar, eine künstliche Person, der einen in der Gedankensimulation vertritt. Wenn es schief geht, dann trifft es nur den Avatar, nicht die reale Person. Klar ist natürlich, dass dazu ein einigermaßen realistisches Modell der Außenwelt vorhanden sein muss. Realistisch heißt nicht unbedingt in jedem Detail genau. Das Modell muss nur soweit passend sein, wie es die Situation erfordert. Jedes Modell der Welt, und sei es noch so umfangreich, zeigt nie die ganze Wirklichkeit.

Bei allem was wir tun, laufen vorher solche Vorgänge ab. Nur bemerken wir das meist nicht. Über neunzig Prozent unseres Verhaltens wird durch sogenannte Automatismen gesteuert, meinen Psychologen. Weil wir aber diese unbewusste Simulationen nicht bemerken, kann sie auch nicht in unser bewusstes Denken eindringen. Es ist so, als würde man dicht vor einer sauber geputzten Klarsichtscheibe nach draußen schauen. Die Scheibe nimmt man beim Betrachten nicht wahr. Sie ist aber dennoch da.

So wie wir unser eigenes Verhalten modellhaft simulieren, simulieren wir auch unbewusst das mögliche Verhalten anderer Personen, mit denen wir Kontakt haben. Wir machen immer Voraussagen, wie die sich möglicherweise verhalten könnten und handeln dann selbst entsprechend. Wir fällen immer Vor-Urteile. Diese Vor-Urteile sind nicht absolut sicher, sondern spiegeln nur Wahrscheinlichkeiten wider, wie die Reaktion der anderen Person möglicherweise sein könnte.

Aus all dem kann man folgern: Bewusstsein, Selbst-Bewusstsein, Ich, Meinigkeit, Denken oder Simulieren von Handlungen sind an ein funktionierendes Gehirn gebunden. Das menschliche Gehirn ist ein komplexes vernetztes System mit über hundert Milliarden Neuronen, deren Dendriten, also gegenseitige Verbindungen wiederum über hundert Billionen synaptische Verbindungen untereinander herstellen. Die Neurologie kann mit bildgebenden Verfahren feststellen, dass bestimmte Geistestätigkeiten mit einem erhöhten Stoffwechsel in bestimmten Gehirnregionen verbunden sind. Man kann zwar keine einzelnen Gedanken lokalisieren und es ist ungewiss, ob dies überhaupt möglich sein wird. Aber es scheint hinreichend bewiesen zu sein, dass Denken im Gehirn stattfindet und nichts davon geschieht außerhalb.

Ein schwebendes Nichts

Aber, so wäre dieser Folgerung entgegenzuhalten, es gibt doch sogenannte Nahtoderfahrungen. Menschen berichten, dass sie aus ihrem Körper geschlüpft und dann über ihrem Körper geschwebt seien. Und viele voneinander unabhängige Berichte ähneln sich so sehr, dass doch etwas daran sein muss. Außerdem gibt es genügend schriftliche Aufzeichnungen von betroffenen Personen und auch entsprechende Literatur. Ja, das ist richtig! Es gibt diese Nahtoderfahrungen. Die betreffenden Menschen haben ihre Empfindungen wahrscheinlich korrekt geschildert. Es ist glaubhaft, dass sie sich über ihrem Körper schwebend gesehen haben. Das Phänomen gehört zur den außerkörperlichen Erfahrungen oder im englischen: OBEs, den Out-of-Body-Experiences. Die Erfahrung, dass man sich außerhalb seines eigenen Körpers befindet, kann man sogar experimentell herstellen. Es ähnelt dem Gummihand-Experiment, das wir schon kennengelernt haben.

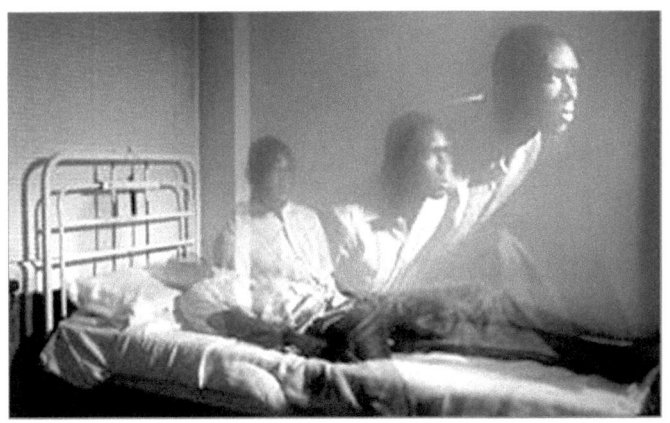

Abb. 15: Erfahrungen in Todesnähe
Bei OBE-Phänomenen (Out-of-Body-Experiences) haben Personen den Eindruck, als würden sie über Ihrem Körper schweben. Daraus wird gefolgert, dass es neben dem Körper noch etwas geben muss (Seele). Diese Erfahrungen können jedoch auch durch Stimulation bestimmter Hirnbereiche hervorgerufen werden.

Dabei wird der Rücken der Versuchsperson mit einer Kamera aufgenommen und auf einen kleinen Bildschirm direkt vor die Augen projiziert. Die Versuchsperson hat optisch den Eindruck, als stünde sie etwa zwei Meter weiter vorn mit dem Rücken zum Betrachter, also zu sich selbst. Nun wird die Versuchsperson mehrere Male am Rücken von oben nach unten gestreichelt. Sie spürt das und sieht das auf ihrem Augendisplay. Dann wird das Streicheln nur noch simuliert, was für die Versuchsperson im Display aber gleich aussieht. Die Versuchsperson empfindet das simulierte Streicheln so, als wäre es real. Sie hat damit eine außerkörperliche Wahrnehmung.

Das Gefühl, sich außerhalb seines eigenen Körpers zu befinden, kann auch durch direkte Stimulation bestimmter Gehirnareale[43] hervorgerufen werden. Derartige Erfahrungen sind die Folge von elektrischen Strömen, die über Elektroden direkt in die Gehirnbereiche geleitet werden. Das Gefühl, sich außerhalb des eigenen Körpers zu befinden, kann aber auch hervorgerufen werden durch Epilepsie, Sauerstoffmangel, gestörten Hirnstoffwechsel, traumatische Schädigungen oder Medikamente, wie der Neuropsychologe *Reinhard Werth* berichtet (Werth 2010:208). Er folgert dann aber konsequent weiter: *„Allein die Tatsache, dass solche Nahtoderfahrungen möglich waren und im Gedächtnis gespeichert wurden, um später abgerufen zu werden, zeigt, dass die dazu benötigten Hirnstrukturen ganz und gar lebendig waren. Nahtoderfahrungen sind keine Erfahrungen, die in einem vorübergehenden Zustand des Todes gemacht wurden, und sagen nichts darüber aus, was im Tod geschieht."* (Werth 2010:209)

Möglicherweise haben auch solche OBEs, Out-of-Body-Experiences, also außerkörperlichen Wahrneh-

---

[43] Areale: Gyrus temoralis superior, Praecuneus der rechten Hirnhälfte, hinterer Bereich des Thalamus

mungen dazu geführt, die Existenz eines Etwas außerhalb unseres Körpers zu vermuten. Einer Seele?

Mögliche Folgerungen

Was könnte man aus diesem Aussagen folgern?

1. Das Gefühl der Meinigkeit, des Ich, setzt Bewusstsein voraus. Dieses Gefühl der Identität kommt dadurch zustande, dass unser Gehirn die vielfältigen Eindrücke und die damit verbundenen Gefühle zu einem in sich schlüssigen Weltmodell vereinen kann. Dabei ist eine wichtige Leistung unseres Gehirns, verschiedene Sinneseindrücke, die auch noch zeitlich verschoben eintreffen, zu einem stimmigen Gesamteindruck zu integrieren.

2. Die meisten Vorgänge in unserem Gehirn verlaufen für uns nicht bewusst ab. Daher können wie sie auch nicht wahrnehmen. Dadurch wird unser Denken mit Ergebnissen konfrontiert, deren Zustandekommen wir nicht erkennen können. So entsteht das Gefühl, dass etwas anderes als die reine Körperlichkeit daran beteiligt wäre. Da dieses Etwas, nennen wir es Geist oder Seele, nicht der körperlichen Vergänglichkeit unterworfen sein kann, müsste es ewig existieren, so eine mögliche einfache Folgerung.

3. Das Ich, das Selbst-Bewusstsein gleiche einem Tunnel durch die unendlich vielfältige Wirklichkeit, so beschreibt es der Philosoph *Metzinger* (Metzinger

2010). Die Wirklichkeit können wir wegen unserer begrenzten Sinnesorgane nie ganz erkennen. Auch die Erweiterung unserer Sinne mit Apparaten ist nur eine relativ geringfügige Erweiterung unseres Wahrnehmungsapparates. Das, was wir in diesem Tunnel wahrnehmen ist nur die Tunnelwand, meint *Metzinger*. Diese Begrenzung erzeugt die Illusion eines Selbst, eines Ich. Ohne ein Selbst aber, ist auch eine Seele schwer vorstellbar. Damit wäre auch die Seele eine Illusion, ein virtuelles Konstrukt.

VI Die Seele auf dem Operationstisch

Seele kann man nicht beweisen. Die Wissenschaft leugnet ihre Existenz. Gläubige sind von ihrem Vorhandensein überzeugt. Wem es hilft, der soll an eine Seele glauben. Gewissheit hätte man erst nach dem Tod. Doch bisher ist noch niemand zurückgekehrt, um darüber zu berichten. Seele kann man nicht sezieren – nur das, was über sie geschrieben und gedacht wird.

Kurzer Rückblick

Lassen Sie uns kurz insgesamt zurückblicken: Wir sind davon ausgegangen, dass mit dem Bewusstsein des eigenen Todes der Begriff Seele wahrscheinlich entstanden ist. Es war noch ein einfaches Verständnis. Es ist nicht vergleichbar mit dem, was wir heute darunter verstehen. Damit ist deutlich geworden, dass seit tausenden von Jahren in den Kulturen transzendente, also außerweltliche Ereignisse und Wesen angenommen worden sind, beispielsweise die Seele. Doch: *„Für zahlreiche Religionen ist sie auch heute noch von zentraler Bedeutung. Ihren Ursprung haben Seelen-Vorstellungen in der Unterscheidung zwischen belebten und unbelebten Körpern"*[44], folgert auch der Kognitionswissenschaftler *Achim Stephan*. Das

---

[44] Stephan, Achim: Leib-Seele-Problem, in: Lexikon der Neurowissenschaft,
www.spektrum.de/lexikon/neurowissenschaft/leib-seele-problem/6967, Zugriff 27.1.2016

entstand sicherlich auch aus dem Bedürfnis heraus, Erscheinungen zu erklären, die mit dem damaligen Wissenstand unerklärlich und geheimnisvoll waren. Die Vorstellungen darüber waren von Kultur zu Kultur verschieden. Beispielhaft haben wir die Erscheinung des Schamanismus unter die Lupe genommen, dann einige Glaubensvorstellungen der Maya, Germanen und Griechen.

Wir haben einen Blick geworfen auf die abendländischen Diskussionen. Begonnen haben wir bei den griechischen Philosophen ab dem 4. Jahrhundert v.Chr. mit *Demokrit*, *Platon* und *Aristoteles*. Dann haben wir einen Zeitsprung gemacht zu *Rene Decartes* ins 16. Jahrhundert mit seinem Leib-Seele-Problem. Die vielfältigen Diskussionen der Kirchenväter haben wir ausgelassen. Aber die religionspraktische Zusammenfassung daraus, das Christliche Glaubensbekenntnis, haben wir angesehen und festgestellt, dass Christen an eine körperliche Auferstehung glauben.

Die Vertreibung von Bewusstsein und Seele aus der Psychologie, was ja übersetzt „Seelenkunde" heißt, wurde am Beispiel des *John B. Watson* deutlich. Durch die Neurowissenschaften, die Wissenschaft von der Funktionsweise unseres Gehirns, sind Erkenntnisse aufgetaucht, die Seele als ein illusorisches Konstrukt unseres Denkens definieren. Bewusstsein und Seele werden hier als reine Modelle, als reine Konstrukte unseres Denkens beschrieben, die allein den Zweck haben sollen, dass Menschen sich im Laufe der Evolution immer besser an die äußeren Lebensbedingungen anpassen konnten.

Das Ich wird als ein Avatar betrachtet, ein künstlicher, ein virtueller Stellvertreter der realen Person für die Simulation von möglichen Handlungen in unseren Gedanken. Wir können dadurch Ideen sterben lassen anstelle von uns selbst, falls etwas schief geht.

Man könnte nun folgern: Die Seele als ein unsterbliches Etwas, das sich im Tod vom Körper trennt, um dann in einer anderen Sphäre ewig zu existieren, scheint ausgedient zu haben. Die Seele als etwas, das man durch ein gottgefälliges Leben im Diesseits rein halten oder durch Buse und Reue retten muss, ist tot. Sie ist tot zumindest für die Personen, die keinen starken religiösen Glauben haben und auch esoterischen Ideen ablehnen.

Seele, besonders die angeblich gefährdete Seele und deren mögliche Verdammnis, waren oft Werkzeuge, um Gläubige zu disziplinieren. Sie war ein Mittel, um von ihnen Dinge zu verlangen, die sie aus eigenem Antrieb und Eigeninteresse sonst nicht getan hätten. Ablasshandel, um seine Seele von Sünden freizukaufen, war dabei noch das geringste Übel. Mit überhöhten moralischen Forderungen, also solchen, die man eigentlich gar nicht erfüllen kann, wurde und wird immer wieder systematisch ein schlechtes Gewissen bei den Gläubigen erzeugt. Und auch wer ein „gottgefälliges" Leben führt ist mit der sogenannten „Erbsünde" belastet.

Seelenlose Moral

Keine Seele zu haben, wäre demnach eine Befreiung. Aber kann man ohne die Fiktion einer Seele leben? Kann man so leben, dass man dennoch mit seinem kurzen Leben auf dieser Erde zufrieden ist und nicht zum dauerhaften Übel der Mitmenschen wird? Man kann! In seinem Buch mit dem Titel *„Wie viel Moral verträgt der Mensch?"* entwirft der österreichische Biologe, Wissenschaftstheoretiker und Philosoph *Franz Wuketits* (*1955) das Bild des eigenverantwortlichen Menschen, der ohne übernatürliche Hilfe lebt. Er nennt ihn den *„moralischen Individualisten"* und beschreibt ihn so:

„Der moralische Individualist lebt nicht abgeschottet von seiner Umgebung. Er ist wachsam und wittert instinktsicher jede Gefahr, die seinen Individualismus bedroht. [...] Der moralische Individualist ist kein Amoralist [...] Er erfreut sich an sozialen Kontakten, sieht sich aber nicht gezwungen, sich ständig mit anderen Leuten zu umgeben [...] Er bedarf keiner Moralvorschriften, da er niemandem Schaden zufügen, sondern nur in Ruhe gelassen werden will. Er ist relativ tolerant, weil er sich gut vorstellen kann, dass auch andere Menschen ähnliche Ziele verfolgen. Er ist aber intolerant,

wenn er merkt, dass andere seine Toleranz missbrauchen beziehungsweise ihn als Person nicht tolerieren." (Wuketits 2010:147)

Der Soziologe und Thanatologe[45] *Klaus Feldmann* (*1939) mein etwas pessimistisch für die heutige Zeit: *„Die Seele, ursprünglich ein kollektives Gut, ist privatisiert worden und verbraucht ähnlich viel Energie wie personale Kraftfahrzeuge. Privatisierung bedeutet freie Marktwirtschaft im Seelenbereich, Individualisierung von der Stange, das Selbstbewusstsein und die Seele sind Aspekte des Lebensstils wie Kleidung und der Kunstkonsum.[...] Die Seele ist also eine Konstruktion bzw. Bastelei des Bewusstseins, die abhängig von sozialen, kulturellen und anderen Faktoren mehr oder minder individuell gestaltet wird, ähnlich dem eigenen Zimmer."*[46]

---

[45] Thanatologie = Forschungsrichtung, die sich mit den Problemen des Sterbens und des Todes befasst

[46] Feldmann, Klaus: Soziologie moderner Seelenvorstellungen, in: http://www.feldmann-k.de/texte/thanatosoziologie/articles/soziologie-moderner-seelenvorstellungen.html, Zugriff 12.4.2016

Dennoch, die Seele ist ein sogenanntes Meta-Zeichen, ein wirkkräftiges Über-Symbol. Sie steht für die Summe vieler Eigenschaften und Fähigkeiten, die für viele Menschen das Menschliche erst ausmachen. Sie wird daher erhalten bleiben in Mythen, den Religionen oder der Literatur als Bild des idealen ewigen Seins, das von den angeblichen Niederungen der Körperlichkeit nicht berührt wird. Und es ist sicherlich für nicht wenige Menschen sehr tröstlich, daran zu glauben, dass nach ihrem Erdendasein etwas von ihnen vielleicht noch übrig bleibt, sie also nicht ganz von der Bildfläche verschwinden - ins Grab oder im Ofen und dann durch den Kamin des Krematoriums.

Wie heißt es doch: Die Hoffnung stirbt zuletzt. Und ohne Hoffnung, ohne den Glauben auf ein Leben nach dem Tod können viele Menschen nur schwer leben. Doch vielleicht gilt auch für den Glauben an die Existenz einer Seele, wie es der Soziologe *Niklas Luhman*n formuliert (Luhmann 2002:272): *„Man muss schon glauben wollen, um glauben zu können".*

Literaturverzeichnis

Armstrong, K. (2008). *Der große Umbruch. Vom Ursprung der Weltreligionen.* Goldmann Verlag.

Becker, A., Mehr, C., Nau, H., Reuter, G., Stegmüller, D., & (Hrsg). (2003). *Gene, Meme und Gehirne. Geist und Gesellschaft als Natur. Eine Debatte.* Suhrkamp Verlag.

Beckermann, A. (2008). *Das Leib-Seele-Problem. Eine Einführung in die Philosophie des Geistes.* Wilhelm Fink Verlag.

Bellinger, G. J. (1999). *Knaurs großer Religionsführer.* Weltbild Verlag.

Bering, J. (2011). *Die Erfindung Gottes. Wie die Evolution den Glauben schuf.* Piper Verlag.

Blackmore, S. (2005). *Die Macht der Meme. Die Evolution von Kultur und Geist.* Spektrum Verlag.

Campbell, J. (1996). *Mythologie der Urvölker. Die Masken Gottes.* Fauna Verlag.

Damasio, A. R. (2010). *Descartes´ Irrtum. Fühlen, Denken und das menschliche Gehirn.* List Verlag.

Dawkins, R. (1978). *Das egoistische Gen.* Springer Verlag.

Dawkins, R. (2007). *Der Gotteswahn.* Ullstein Verlag.

Döbert, R. (1973). *Systemtheorie und die Entwicklung religiöser Deutungssysteme: Zur Logik des sozialwissenschaftlichen Funktionalismus.* Suhrkamp Verlag.

Dörner, D. (2001). *Bauplan für eine Seele.* Rowohlt Verlag.

Furger, A. (1997). *Das Bild der Seele. Im Spiegel der Jahrtausende.* Verlag Neue Züricher Zeitung.

Hinterhuber, H. (2001). *Die Seele. Natur- und Kulturgeschichte der Psyche.* Springer.

Jüttemann, Sonntag, Wulf, & (Hrsg). (2005). *Die Seele. Ihre Geschichte im Abendland.* Vandenhoeck & Ruprecht Verlag.

Kupper (Hrsg), M. (1991). *Hungrige Geister und rastlose Seelen. Texte zur Schamanismusforschung.* Reimer Dietrich Verlag.

Luhmann, N. (2002). *Die Religion der Gesellschaft.* Suhrkamp Verlag.

Metzinger, T. (2010). *Der EGO Tunnel. Eine Philosophie des Selbst.* BvT Verlag.

Misik, R. (2010). *Gott behüte! Warum wir die Religion aus der Politik raushalten sollten.* Aufbau Verlag.

Otto, R. (2004). *Das Heilige. Über das Irrationale in der Idee des Göttlichen und sein Verhältnis zum Rationalen.* Beck Verlag.

Popper, K. R., & Eccles, J. C. (1985). *Das Ich uns sein Gehirn.* Piper Verlag.

Schlieter, J., & (Hrsg). (2010). *Was ist Relition? Texte von Cicero bis Luhmann.* Reclam Verlag.

Schmidt-Salomon, M. (2006). *Manifest des evolutionären Humanismus. Plädoyer für eine zeitgemäße Leitkultur.* Alibri Verlag.

Schnabel, U. (2010). *Die Vermessung des Glaubens. Forscher ergünden wie der Glaube entsteht und warum er Berge versetzt.* Blessing Verlag.

Siefer, W., & Weber, C. (2008). *ICH. Wie wir uns selbst erfinden.* Piper Verlag.

Weber, M. (1980). *Wirtschaft und Gesellschaft.* Mohr Siebeck Verlag.

Werth, R. (2010). *Die Natur des Bewusstseins. Wie Wahrnehmung und freier Wille im Gehirn entstehen.* Mohr Siebeck Verlag.

Wuketits, F. M. (2010). *Wie viel Moral verträgt der Mensch.* Gütersloher Verlagshaus.

Wunn, I. (2004). *Die Evolution der Religionen.* UNI Hannover - Dissertation.

Verzeichnis der Abbildungen

Abb. 1: Ein Arzt will die Seelen wiegen 14

Abb. 2: Schamanen gab es schon in der Steinzeit 21

Abb. 3: Entwicklungsstufen der Religionen 29

Abb. 4: Menschenopfer der Maya 37

Abb. 5: Vielgestaltige Götterwelt im alten Ägypten 40

Abb. 6: Wotan, oberster Gott der Germanen 44

Abb. 7: Götterkinder entmachten ihre Eltern 48

Abb. 8: Griechische Götter im römischen Götterhimmel 50

Abb. 9: Seele in der griechischen Philosophie 53

Abb. 10: Auferstehung Christi als zentraler Glaubensinhalt .. 58

Abb. 11: Sterben von Sokrates und Leiden von Jesus 60

Abb. 12: Dualisten sehen Körper und Seele/Geist getrennt .. 64

Abb. 13: Der Mensch als Reiz-Reaktions-Maschine 70

Abb. 14: Unser Gehirn erstellt ein Modell der Welt 73

Abb. 15: Erfahrungen in Todesnähe 81

Informationen über den Autor

Walter R. Kaiser

Dipl.-Wirtschafts-Ingenieur und Sachbuchautor. Über mehr als zwei Jahrzehnte war er Lehrbeauftragter an den Hochschulen Esslingen und Karlsruhe. Neben seinem Beruf galt sein Interesse immer auch Psychologie, Soziologie, Theologie und Biologie. In Büchern und Vorträgen erklärt er auf sehr verständliche Weise Ideen, Konzepte und Zusammenhänge. Er war in der Wirtschaft in leitenden Funktionen tätig und ist Mitglied im Beirat/Aufsichtsrat mittelständischer Unternehmen.

Weitere Details über seine Publikationen und Vorträge sowie die Kontaktdaten findet man auf seiner Autoren-Homepage unter: www.kaiser-forum.de

Bücher des Autors

Die Alpträume des Dr. Thilo Sarrazin
Fakten und Folgerungen aus und zu dem Buch *Deutschland schafft sich ab,* ISBN 978-3-8423-9525-1

Der Eurofrust des Dr. Thilo Sarrazin
Fakten und Folgerungen aus und zu dem Buch
Europa braucht den Euro nicht, ISBN 978-3-8448-9580-3

Die Schlange in uns
Warum und wie wir verführbar sind
ISBN 978-3-8448-7241-5

Entscheidend
Psychologie und Technik besserer Entscheidungen
ISBN 978-3-8482-2078-6

Single, Paar und Marktwirtschaft
Partnerwahl abseits romantischer Liebe
ISBN 978-3-8482-2942-0

Götter, Gelder und Gewinne
Der Kapitalismus als neue Religion
ISBN 978-3-7322-9784-5

Demut oder pure Macht
Benedikt von Nursia und Niccoló Machiavelli -
Zwei historische Führungsphilosophien
ISBN 978-3-7322-9348-3

Das Rotkäppchen-Syndrom
Vertrauen und Misstrauen
ISBN 978-3-7386-1163-2

(Alle Bücher sind auch als E-Books verfügbar)